南京的书店

「大观南京」丛书（第二辑）
主编◎曹劲松

徐雁 编著

南京出版传媒集团
南京出版社

图书在版编目（CIP）数据

南京的书店 / 徐雁编著. -- 南京：南京出版社，2024.8

（"大观南京"科普丛书. 第二辑）

ISBN 978-7-5533-4655-7

Ⅰ. ①南… Ⅱ. ①徐… Ⅲ. ①书店 – 介绍 – 南京 Ⅳ. ①G239.23

中国国家版本馆CIP数据核字（2024）第031797号

书　　名　南京的书店
作　　者　徐　雁
编 写 组　李苏黔　王雨潇　陈翠翠　陶　婕
出版发行　南京出版传媒集团
　　　　　南 京 出 版 社
社址：南京市太平门街53号　　邮编：210016
网址：http://www.njcbs.cn　　电子信箱：njcbs1988@163.com
联系电话：025-83283893、83283864（营销）　025-83112257（编务）

出 版 人　项晓宁
出 品 人　卢海鸣
责任编辑　周　莉
装帧设计　赵海玥
责任印制　杨福彬

排　　版　南京新华丰制版有限公司
印　　刷　南京凯德印刷有限公司
开　　本　787 毫米 × 1092 毫米　1/32
印　　张　3.5
字　　数　52千字
版　　次　2024年8月第 1 版
印　　次　2024年8月第 1 次印刷
书　　号　ISBN 978-7-5533-4655-7
定　　价　28.00 元

用微信或京东APP扫码购书

用淘宝APP扫码购书

前言

公元前472年，越国大夫范蠡筑城于长干，史称“越城”。公元前333年，楚威王置金陵邑于石头山，并筑城为治，称“金陵邑城”，此为南京习称“金陵”之由来。公元229年，孙权（182—252）迁吴都至建业。是为公元纪年前后700年间，这一片江环水绕、虎踞龙盘之地，后来得以发展成为中国历史文化名城的重要节点。

且看百年来前人的记述和观感：南京是值得流连的地方……逛南京像逛古董铺子，到处都有些时代侵蚀的遗痕。你可以摩挲，可以凭吊，可以悠然遐想；想到六朝的兴废，王谢的风流，秦淮的艳迹。这些也许只是老调子，不过经过自家一番体贴，便不同了。（朱自清《南京》）中国古都，历史悠久，古迹众多，文物制度，照耀千古者，长安、洛阳而外，厥推金陵。北京虽为辽、金以来帝王之都，然史迹不过千年，非若金陵建都之远在南北朝以前也……而此四都之中，文学之昌盛，人物之俊彦，山川之灵秀，气象之宏伟，以及与民族患难相共、休戚相关之密切，尤以金陵为最。（朱偰《金陵古迹图考》序）南京为吾国首都。襟江带淮，盘龙踞虎，形胜为全国冠……南京自古为帝王都，而历朝宫阙，除明故宫外尚略有遗迹，余均荡然无存。（马元烈《首都名胜》）

诚然，“江南佳丽地，金陵帝王州。”（谢朓《入朝曲》）自建业为东吴都城之后，又有东晋、宋、齐、梁、陈先后以之为京师，作为当日政治、军事和经济中心，以及文化、教育之首善之区。但也因福得祸，成为中国历史长河中，改朝换代所必争之地。堂皇富丽的大都市，不免灾祸连绵，屡兴屡废，令人扼腕痛惜，徒生兴亡之叹。唐人许嵩撰著《建康实录》，记述六朝各代兴废遗迹百余处。李白登临金陵凤凰台，更发出了“吴宫花草埋幽径，晋代衣冠成古丘”的慨叹。

书籍文化，关乎文人学士之著述及文脉书香之传承，无疑是历史文化的重要人文内涵。但民众无知，兵燹无情，有关金陵、建业的早年文献早已佚亡不足徵。或如《首都志》卷十五所云，两汉之郡学及东吴之太学，“其所庋藏，无可考矣。”

如今回望六朝那些岁月，我国的文书和书籍制度，尚在手写笔录、传抄流播的时代。信息和知识的载体，先后经历了从简牍、缣帛到纸卷的嬗变。

史载，东汉中常侍兼任尚方令的蔡伦（63—121），用树皮、破渔网、麻头、破布等材料，通过淘洗、碎切，并加入石灰沤沤等环节的处理，创造了一种新颖的皇家用纸，时称“蔡侯纸”。此后，造纸工艺不断得到更新优化，原料源广、成本低廉，且质量稳定的纸张，逐渐普及到民间生活之中。但官方的往来公牍还是固守着简册制度。元兴三年（404），桓玄（369—404）在建康废晋安帝自立，改国号为“楚”之后，明令一切公文往来，须“以黄纸代竹简”。从此，纸张取代简牍，成为朝野通行的信息和知识载体，中国文献史又一次进入了新的纪元。

就六朝都城中的宫廷藏书而言，李充（生卒年不详）整理、编纂《晋元帝四部书目》之举，意义深远。晋穆帝永和八年（351），李氏出任大著作郎，掌管国史编撰。他对照荀勖（？—289）主编的《中经新簿》（现已亡佚），把东晋建政后鸠集宫中的典籍进行整理。经删繁去重，以类相从，计得3014卷，于是继承前人经、史、子、集的四部分类法编为书目。于是，“中朝遗书，稍流江左”。也就是说，西晋宫中幸存下来的部分藏书，从此在江东有所传播。

由于战乱频仍，至南朝宋文帝元嘉三年（426），被任命为秘书监的谢灵运（385—433）奉命搜访和整理宫廷藏书。他带领属下，出都搜访，并亲予校理。元嘉八年（431），谢灵运在殷淳等人的协助下，撰成《秘阁四部目录》，著录典籍 14582 卷，佛经 438 卷，分贮为 645 帙。元徽元年（473），秘书丞王俭（452—489）编纂了《元徽四部书目》，著录典籍 15704 卷。此外，王俭还曾于宅中开学士馆，以四部书充其家藏。

齐高帝萧道成之子萧锋（475—494），于建元三年正月（481 年 3 月 1 日），受封“江夏王”。十岁便能属文。在藩邸时，因武帝规定诸王只许熟读《五经》及看《孝子图》，不得读其他杂书。萧锋则“乃密遣人于市里街巷买图籍。期月之间，殆将备矣。”武帝永明年间（483—493），秘书丞王亮与秘书丞监谢朏，又编纂《四部书目》，凡得 18010 卷。齐末，兵火延烧秘阁，经籍遗散。

梁武帝天监二年（503）之后，任昉（460—508）调任御史中丞、秘书监等职务。作为一个学者和大藏书家，他亲力亲为，仔细勘定了宫中原本紊乱的书籍篇目和卷次，凡得 23106 卷，并与殷钧一起，编为《四部目录》（又称《文德殿目录》），有序地陈列在文德殿内。其中佛教典籍，则置于华林园收藏。

据《梁书》记载，任昉是梁代三大藏书家之一，编有家藏书目。这是史有明文记载的最早的私人藏书编目活动。在任昉英年早逝后，“敦悦诗书”的梁武帝，即命学士贺纵与沈约（441—513）到任家参核书目，征调走宫中所缺书籍。迨梁元帝平了侯景之乱后，文德殿所藏典籍以及公、私经籍，计有 7 万余卷，均被运载至梁元帝新都江陵（位于今湖北宜城南境）。梁承圣三年（554）九月，江陵遭西魏军队进攻。次年元月的一个晚上，被久久围困在城里的梁元帝，在绝望之中命舍人高善宝将 14 万卷图书全部烧毁。这是自东晋李充整序宫廷藏书 200 多年来，金陵藏书最大的一次书厄。其中包括了萧绎（508—555）青壮年后所聚汉魏以来古书旧籍 8 万卷，以及王羲之、王献之等名家的书画之作。

又是星转斗移数百载之后，雕版印刷术横空出世了。起初，生意头脑灵光的商贾们，只是用墨板来印行历日、术数、字学、小册子之类，因市场需求较大，赢利快捷。但元稹（779—831）却曾意外地发现，他和好友白居易（772—846）的诗，在北至扬州、南到越州一带，也有商贩刻版印刷后在市井间推销，甚至还可以用来偿付茶、酒之费。这大概是文学印刷品在苏浙地区印卖的最早文献记录了。到了五代的周朝显德年间（954—960），儒家经籍等开始付诸板刻。

昇元元年（937），南唐以金陵为都城立国建政。李昪继续其任杨吴昇州刺史时的做法，搜集民间书籍的方针，“悬金为购坟典，职吏而写史籍。闻有藏书者，虽寒贱必优辞以假之。或有贽献者，虽浅近必丰厚以答之。时有以学王右军书一轴来献，因偿十余万，缯帛副焉。由是六经臻备，诸史条集，古书名画，辐凑绛帷。俊杰通儒，不远千里而家至户到，咸慕置书，经籍道开，文武并驾。暨昇元受命，王业赫然……”，甚至“士有献书可采者，遂即考试”，能通过者即授以官职。

李昪提倡儒学，重视文治。尝以金陵官学典籍残缺，下诏各郡县搜求。于是，吉州刺史贾皓便想购买生计贫困的鲁崇范家的藏书，结果得到的回答是：“坟典，天下公器，世乱藏于家，世治藏于国，其实一也。吾非书肆，何酬价为？”李昪接到奏报后，授之以太子洗马之职。李景即位后，任其为东宫使，为皇太子师傅。

宋开宝八年十一月（976年1月1日），金陵城被宋军围攻，城中军民倍受困厄。城破之日，李煜（937—978）在宫城奉表纳降之前，先命人把宫中旧藏钟、王字画等焚毁。而藏书2万余卷，则被运送汴京宫中。太平兴国三年（978），宋太宗下诏开献书之路，并辟地兴建崇文院，以纳原昭文、集贤及史馆所藏书，总计8万卷（含正、副本）。

宋仁宗嘉祐三年（1058），江宁府雕印《建康实录》20卷。宋神宗熙宁九年（1076），时任密州知州的苏轼（1037—1101），在《李氏山房藏书记》一文中回忆说："余犹及见老儒先生，自言其少时，欲求《史记》《汉书》而不可得，幸而得之，皆手自书，日夜诵读，惟恐不及。近岁市人转相摹刻诸子百家之书，日传万纸，学者之于书，多且易致如此。"可见苏轼当年所经历的，正是一个从写录传抄向雕版印刷书籍过渡的重要时代。

宋高宗绍兴元年（1131），叶梦得（1077—1148）被任命为江东安抚制置大使，兼知建康府。他到任后发现，这个在往日承平时期的"文物都会"，早已面目全非。经过金、宋之间的攻防战火，城内百姓逃散净尽，城郭上草木丛生，兵营随处都是，根本看不到一个儒生，甚至连一部《周易》都寻觅不到。

因担心儒学传统或将因此断绝，他便努力复整儒学，延集诸生，并拨付军赋余钱600万，命学官刊刻《六经》。

绍兴八年（1138），叶梦得再次被任命为江东安抚制置大使，兼知建康府、行宫留守，总管四路漕计。他发现，经过七年的休养生息，城里已经移民杂处，市廛恢复了生机，但儒学所藏，尚缺汉、唐代之间的史书。为了让儒生们能够传习史料文献，便动用公厨羡钱200万，命人四处购买各地新刊经、史，在公署西北建造了一座“紬书阁”，后不幸毁于火。

绍兴十六年（1146），高宗御书石本入藏建康府学御书阁，四部书籍之见存者一并入藏。嘉定十三年（1220），建康府溧阳学宫刊刻陆游（1125—1210）《渭南文集》50卷，为其幼子子遹编刊，刻印精致。景定二年（1261），建康留守马光祖（约1201—1273），求得朝廷所赐国子监所有印本，元初兵火，无一幸存。

元代地方官府，以九路儒学分刊《九史》之举，最为后人称道。其中建康路儒学的分工是，刻印《新唐书》225卷、《晋书》130卷、《新五代史》74卷。

总之，宋、元以来的建康刻书，为明、清时期的南京刻书打下了基础。因而有关南京书店的故事，不妨从明代三山街上的书坊和太学前的书肆说起。

本书的写作得到知名作家、南京地方文化专家薛冰先生的悉心指导，谨此致谢。书稿由本人领衔写作团队：李苏黔（南京大学信息管理学院2022级硕士研究生）、王雨潇和陈翠翠（均为南京大学信息管理学院2022级博士研究生）、陶婕（南京大学信息管理学院2023级博士研究生）参与执笔，由李梦瑶（南京大学信息管理学院2022级硕士研究生）实地拍摄了部分插图照片，特此说明。

2024年8月写于金陵雁斋山居

書坊
集賢堂
古今名人文集詩

目 录

上 篇

明代三山街和太学前的书肆 / 2

清代状元境书坊 · 江南官书局 · 李光明庄 / 11

民国时期的“花牌楼书店街” / 21

夫子庙—贡院街的旧书店（摊） / 33

从萃文书局到南京古旧（籍）书店 / 41

下 篇

南京新华书店及其

中山东路新华书店等门店 / 52

“江苏最美”及“中国最佳”的

凤凰国际书城 / 57

“大地上的异乡者”——先锋书店 / 62

“风雨同舟”的大众书局 / 71
从汉口路到大板巷的复兴书店 / 78
“世界文学之都”及文都书店 / 86
萃文书局及其“嘉宁古籍拍卖”活动 / 92

上篇

明代三山街和太学前的书肆

元至正十六年（1356）三月，朱元璋（1328—1398）率水、陆大军攻占集庆路（时辖上元、江宁、句容三县及溧水、溧阳两州）后，改其名为“应天府”。9年后，在原集庆路儒学旧址（即今夫子庙地带）上建立“国子学”，选拔学子到此研习。

至正二十八年（1368），朱元璋于“应天府”称帝，建国号“大明”，是为明太祖。当年八月，大将军徐达（1332—1385）攻破元朝都城后，将其宫廷里所藏宋元旧版书籍全部迁运到了南京“国子学”收藏。与此同时，有诏规定“书籍、笔墨、田器，不得纳税”，还责成有关部门“博求古今书籍”（《明会要》卷26）。明洪武八年（1375），下诏调集江南各地书板到京城。

洪武十五年（1382）春，建于鸡笼山下的太学校舍竣工，是为明王朝的最高学府——国子监。监内有号舍，即监生宿舍；有五厅、七堂之设，如典籍厅掌管“四书五经”等儒学经籍，典簿厅掌管学籍档案；有房舍14间的藏书楼，以及教学用主堂1座、支堂6座，每堂均有房舍15间，学子宿舍则有2000间。全盛时，在学人数达到近万人。监生学成之后，由吏部择优按需安排职位。当年冬，明太祖命礼部官员主持、工部督工匠配合，修补“国子监”贮存的残缺旧书板。

永乐十九年（1421），明成祖朱棣（1360—1424）定北京为京师，设六部，别铸南京诸司印章，加“南京”二字。南京作为“留都”，时称“南直隶”或“南都”。京师另建“国子监”后，此学便改称“南监”。“南监”曾利用并修整元代集庆路儒学所藏书板，印行了“二十一史”，该本有“三朝（宋、元、明）本”或“南监二十一史”之称。不幸的是，这批书板毁于清代嘉庆年间。总计“南监”先后刊印书籍，有制书29种、经部107种、史部59种、子部41种、文人学士诗文集56种、类书及政书5种、韵书13种、各类杂书133种。

话说应天府，经洪武年间大规模改筑增建之后，成为当时中国乃至世界的第一大城。东起大中桥，西至三山门，南起聚宝门，北至内桥一带，是南京城内

《南都繁会景物图卷》

最为繁华的民居区和商贸区。在现藏中国历史博物馆的《南都繁会景物图卷》中，可见当年“衣履天下，南北商贾争赴”（张瀚《松窗梦语》卷4）的繁荣市景，其中有“刻字”“镌碑”等市招。在“南都”任职的“六部”官员，其级别和待遇不差，但职事却颇为清闲，于是竞求文雅，坊间刻书大兴。

如今，经考证后说得出名号的南京书坊有30多家。它们往往标有“金陵书林”“金陵书坊”等牌号，也有以南京的旧地名如“白下”“秣陵”和“建业”为标记的，其中还形成了唐氏、周氏等刻书大户和世家。如“金陵唐氏文林阁”“金陵书林唐广庆堂”“金陵大盛堂”“金陵九如堂”“金陵唐氏富春堂”“金陵书坊周氏嘉宾堂”“金陵书肆毛少纪”“白下书林傅梦龙”“建业刘氏孝友堂”等等。有的则以“三山街”

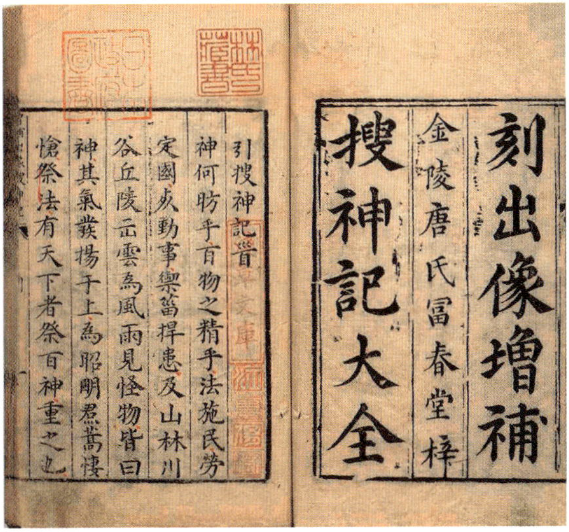

［明］金陵唐氏富春堂梓行本

为地标，嵌入自己的牌号。如“金陵三山街书林唐富春”或“金陵三山街唐氏富春堂”等。

“地宽夸近市，额古认承恩。流水千宾集，连云百货屯。”（王友亮《金陵杂咏》）景泰二年（1451），在“祝延圣寿，祈福苍生”的名义下，倍受明宣宗朱瞻基宠信倚重的御前太监王瑾在金陵的故第，被朝廷改建营造为“承恩禅寺”。其山门面南，临三山街，门侧列肆 70 余间，向西延展到官街，招引商户经营百货，于是铺摊云集，人烟辐辏。顾起元《客座赘语》卷 10 记述道，该寺“最为城南嚣华之地，游客贩贾，

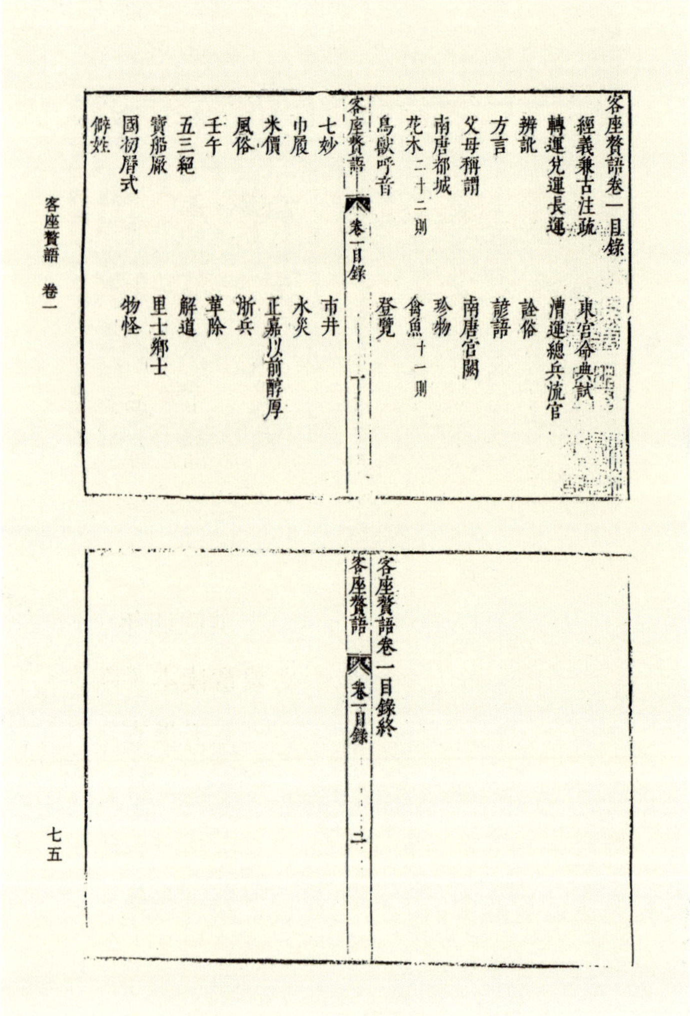

客座贅語卷一目錄

經義兼古注疏　東宮命典試
轉運兌運長運　漕運總兵流官
辨訛　詮俗
方言　諺語
父母稱謂　南唐宮闕
南唐都城　珍物
花木二十二則　禽魚十一則
鳥獸呼音　登覽

客座贅語　卷一目錄　一

七妙　市井
巾履　水災
米價　正嘉以前醇厚
風俗　浙兵
壬午　革除
五三絕　解道
寶船廠　里士鄉士
國初曆式　物怪
僻姓

客座贅語卷一目錄終

客座贅語　卷一目錄　二

客座赘语　卷一

七五

［明］顾起元《客座赘语》书影

蜂屯蚁聚于其中”。现代学者、藏书家卢前（1905—1951）在《冶城话旧》里写道：“明初，金陵为人文之薮。三山街一带，书肆林立，如唐氏富春堂、文林山房等，在今日言版本者，可以一一指数。洎乎天启、崇祯时，著名之书坊遂日少。”

晚明学者胡应麟（1551—1602）涉足金陵时，此地早已是与北京、苏州、杭州同样重要的刻书中心，且有售大部头的类书等，书肆主要分布在商贸中心三山街，或士子云集的太学（“南监”）前。他认为在雕版刻工水平方面，时以苏州、常熟为第一等，金陵居第二等，杭州为第三等。

金陵较早时期的传世刻本，有洪武四年（1371）王氏“勤有堂”所刊图文同版之蒙童读本《新刊对相四言杂字》，有洪武三十年（1397）王举直所刊《雅颂正音》等。通常地，金陵书坊主人喜欢刻印社会需求量较大，在市场上好卖的小说、戏曲、医书、科举考试参考读物之类，但也因各自财力及机缘不同，刊刻一些中、大型图书。

有“东方医学宝典”之誉的《本草纲目》，多达52卷，计有插图1100多幅、药方11096个，共190多万字，由书商胡承龙投资，前后历时4年刊刻而成。文坛领

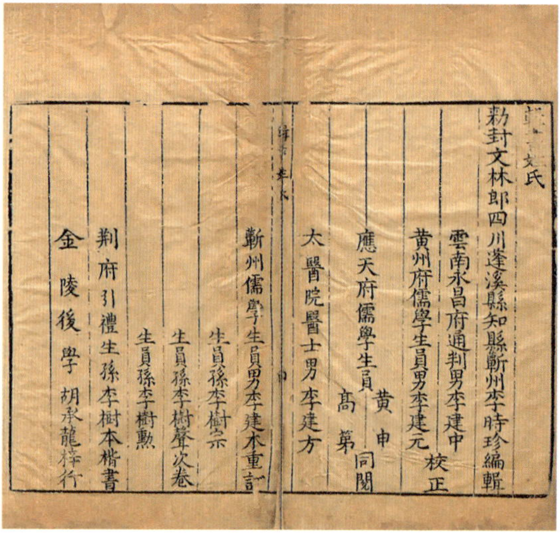

勅封文林郎四川蓬溪縣知縣蘄州李時珍編輯
雲南永昌府通判男李建中
黃州府儒學生員男李建元　校正
應天府儒學生員　黃申　高第　同閱
太醫院醫士男李建方
蘄州儒學生員男李建木重訂
生員孫李樹宗
生員孫李樹聲次卷
生員孫李樹勳
荊府引禮生孫李樹本楷書
金陵後學胡承龍梓行

［明］金陵版《本草纲目》

袖王世贞（1526—1590）在序文中，称道李时珍（1518—1593）系“北斗以南一人”，认为该书“博而不繁，详而有要，综核究竟，直窥渊海”，“实性理之精微，格物之通典，帝王之秘箓，臣民之重宝也”。《本草纲目》在万历二十一年（1593）开始刊行后，先后传到日本、朝鲜以及欧洲等地。

万历三十年（1602），秣陵周氏“大有堂”刊刻的官板《皇明宝训》，自洪武、永乐到隆庆年间各朝的“实录”俱在，内容的时间跨度长达 200 年左右。

崇祯十七年（1644），寓居南京的书画家胡正言

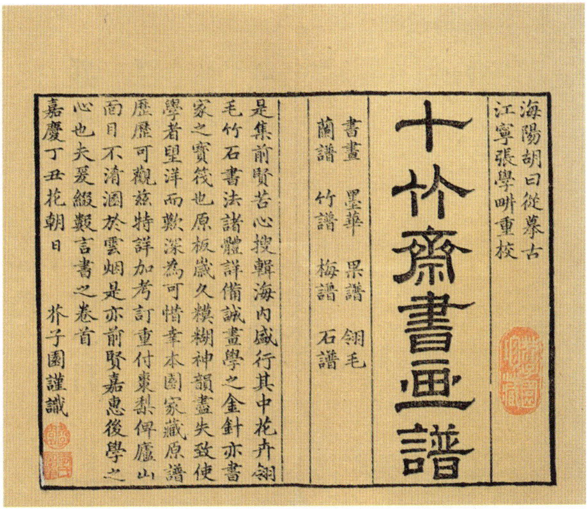

海陽胡曰從摹古
江寧張學畊重校

十竹齋書畫譜

書畫 墨華 果譜 翎毛
蘭譜 竹譜 梅譜 石譜

是集前賢苦心搜輯海內盛行其中花卉翎毛竹石書法諸體詳備誠畫學之金針亦書家之寶筏也原板歲久糢糊神韻盡失致使學者望洋而歎深為可惜本園家藏原譜歷歷可觀茲特詳加考訂重付棗梨俾廬山面目不清涸於雲烟是亦前賢嘉惠後學之心也夫爰綴數言書之卷首

嘉慶丁丑花朝日 芥子園謹識

［清］李渔芥子园重刊本《十竹斋书画谱》

（1580—1671），用五彩套印技术印行而成的《十竹斋书画谱》，分为《书画谱》《墨华谱》《果谱》《翎毛谱》《兰谱》《竹谱》《梅谱》《石谱》等卷，代表了当时雕版印刷工艺达到的艺术巅峰。

孔尚任（1648—1718）在《桃花扇》中，曾拟金陵二酉堂书坊主人蔡氏口吻说：“天下书籍之富有，无过俺金陵；这金陵书铺之多，无过俺三山街；这三山街书客之大，无过俺蔡益所。”从一个侧面，反映了晚明时期金陵三山街书商的业内地位。

那么，是哪里的书商支持了南京的书业发展和发达呢？原来是明、清时期南北方知名的江西金溪书商。知名学人毛静在《藻丽嫏嬛：浒湾书坊版刻图录》（江西高校出版社 2018 年版）前言中写道：“明代万历至崇祯时，金溪书商活跃在南方的文化中心南京，在三山街、状元境一带从事图书出版业务。他们以‘绣谷’‘云林’‘珊城’等金溪名胜古迹为品牌标识，先后创立唐富春世德堂等十六家、周如珊光霁堂等十四家，及王世茂车书楼、傅昌辰版筑居、徐松野西崑馆、吴继武光裕堂、李少泉聚奎楼等著名书坊，他们经营图书获得巨大成功，在南方市场赢得一席之地，并积累了大量的资本和管理经验。”浒湾书坊的出品，涉及文学、历史、小说、掌故、科举、蒙学、医学、医药、堪舆、星象及日常生活读物等，所有品种应在 5000 种以上。

清代状元境书坊·江南官书局·李光明庄

清顺治二年（1645）五月十六日，爱新觉罗·多铎（1614—1649）率军攻占扬州、镇江后，接受钱谦益（1582—1664）等文武高官的投诚，入驻金陵城。随后设置江南承宣布政使司，治所设于江宁。

顺治五年（1648）秋，钱谦益为编纂《列朝诗集》，经友人介绍前往江宁府马路街，造访当时藏书最多的千顷斋，得到主人黄虞稷（1629—1691）的热情接待。他告知钱氏藏书来历道，其父黄明立（1562—1644，福建晋江人）在明万历十三年（1585）中举后，先后担任上海县学教谕及南京国子监丞，后辞官家居，以书为友。其收入除供家用之外，全部用来买书，并与丁雄飞等同城藏书家缔约互抄各自藏书，藏至6万余卷。黄虞稷继承父亲遗志，又添购了数千卷。钱氏闻言颇为感动，于是应邀撰写了《黄氏千顷斋藏书记》，在文中记述了黄氏父子藏书的事迹，并期待年轻的主

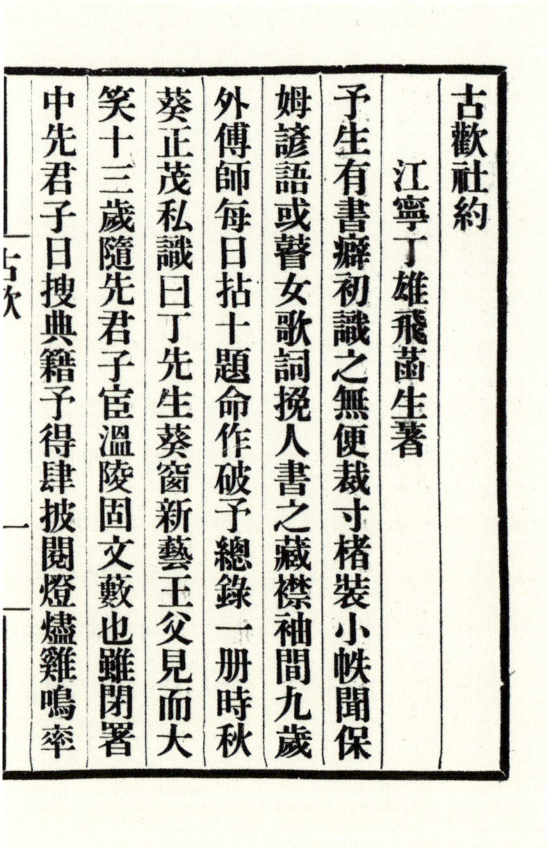

古歡社約
江寧丁雄飛菡生著
予生有書癖初識之無便裁寸楮裝小帙聞保
姆諺語或瞽女歌詞挽人書之藏襟袖間九歲
外傅師每日拈十題命作破予總錄一册時秋
葵正茂私識曰丁先生葵窗新藝王父見而大
笑十三歲隨先君子宦溫陵固文藪也雖閉署
中先君子日搜典籍予得肆披閱燈燼雞鳴率

［清］丁雄飞《古欢社约》书影

人既承继万卷琳琅，又居福德之地，务必善予典藏。

康熙初，改江南承宣布政使司为江南行省。作为当时全国经济最繁盛，文教最发达的省区，每届科举考试揭榜，江南一省的上榜人数总是遥遥领先，时有

“天下英才，半数出江南”之说。康熙六年（1667），分置江苏、安徽两省。江苏省以江宁为省府所在地。

康熙四十四年（1705），江宁织造署曹寅（1658—1712）奉旨开设“扬州诗局”，征调大量雕版印刷技师和技工集中到扬州，先后刻成《全唐诗》《历代赋汇》《佩文斋书画谱》《历代诗馀》《宋金元明四朝诗》《渊鉴类函》等书，计2000余卷。这批技师技工及其徒弟们，成为江南雕版印刷的技术传人。

乾隆三十七年（1772），为编纂《四库全书》，乾隆帝诏令各省征集当地私家所藏古书，约得1.3万种。其中得自南京的“私人进献本”，仅有随园主人袁枚（1716—1798）献呈的宋人孙觉所撰《春秋经解》等

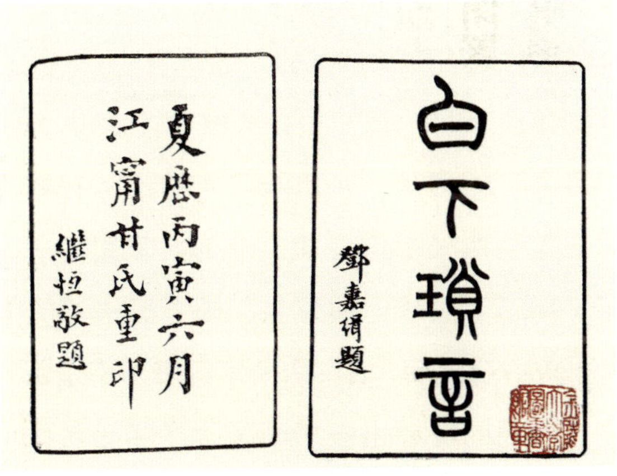

《白下琐言》书影

53 种古书。这也意味着，黄氏千顷斋、丁氏心太平庵所藏书，早已在各自的后裔手里散亡了。

继随园袁氏藏书之后，南京藏书家有藏书 10 万余卷的津逮楼传人甘熙（1798—1853），以及开有益斋主人朱绪曾（1805—1860）。甘熙晚年在《白下琐言》里记述道："书坊皆在状元境，比屋而居有二十余家，大半皆江右人。虽通行坊本，然琳琅满架，亦殊可观。廿余年来，为浙人开设绸庄，书坊悉变市肆，不过一二存者，可见世之逐末者多矣。"须知，当年在状元境开店的江右书商，经销的都是江西抚州金溪县浒湾镇各家书坊印行的书籍。他们的货源，是经由赣江—鄱阳湖—长江航道，运送到位于金陵秦淮河畔的书坊分销。而经销丝绸出品的浙商，在道光间（1821—1850）已取代江右书商的位置。

曾国藩（1811—1872）在《欧阳生文集》序中写道："自洪、杨倡乱，东南荼毒，钟山、石城，昔时姚（鼐）先生撰杖都讲之所，今为犬羊窟宅……"咸丰三年（1853）三月，洪秀全、杨秀清率领的太平天国农民军攻占金陵后，甘、朱两家藏书不幸全部毁失。同时，书商们的货源也被切断了。江苏知名作家、藏书家薛冰在《水木清华龙蟠里》一文中说："清中期南京两座著名的藏书楼，甘熙的津逮楼，朱绪曾的开有益斋，就都是被太平天国烧掉的。”

同治三年（1864），时在安庆的曾国藩（1811—1872）捐出廉俸三万金，设立书局。他与曾国荃（1824—1890）取得共识，先行刊刻《船山遗书》。次年在金陵刻成的王夫之（1619—1692）《船山遗书》288卷，共收录其著作56种，习称“金陵本”，这是第一部较系统全面的王氏著作汇编。

同治三年七月十九日，曾氏兄弟辖领下的湘军兵勇，炸塌南京太平门处明城墙10余丈，一举克复为太平天国军盘踞11年的金陵城。但经战火洗劫，市况已

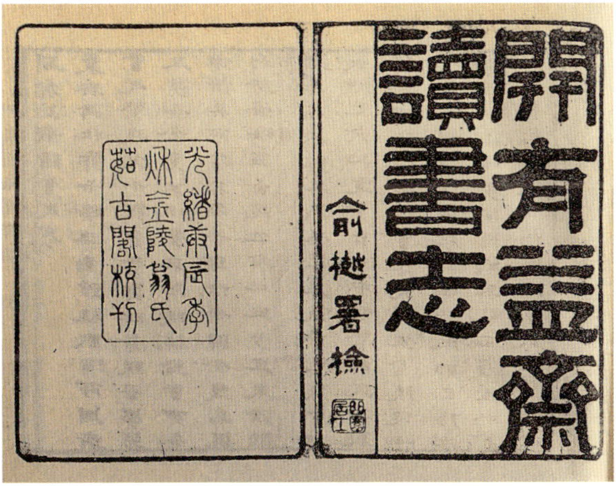

［清］朱绪曾《开卷有益斋读书志》书影

凋敝不堪。据《首都志》云：“公私储籍灰烬，寒畯艰于得书。”于是，曾氏兄弟决定把在安庆创办的书局，迁至城南的铁作坊，名为“金陵书局”。聘博雅之士多人，校刊《四书》《十三经》《五史》等。

当年十月初六日，随书局同至金陵的张文虎（1808—1885），记述了他与友人游步秦淮河畔所目击的市容惨象：“两岸房屋十毁五六，存者亦止墙壁耳。文德桥面仅存一线，文庙东偏尚有三四间壁立，余则片瓦无完者，独丁字帘前一株杨柳依依如旧。贡院未大毁，今修葺一新。”初十日游清凉山，见“山寺为毛贼所据，今只颓垣瓦砾而已”。此后逛状元境访书肆，

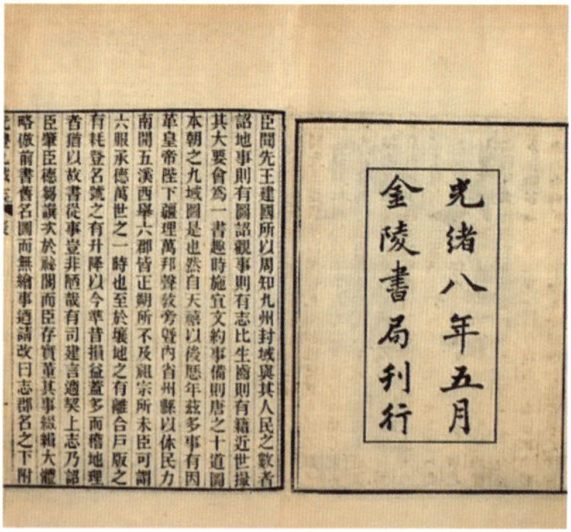
光緒八年五月
金陵書局刊行

臣聞先王建國所以周知九州封域與其人民之數者詔地事則有圖詔觀事則有志比生齒則有籍近世撮其大要會爲一書趣時施宜文約事備則唐之十道圖本朝之九域圖是也然自天禧以後歷年茲多事有因革皇帝陛下疆理萬邦聲教旁暨內省州縣以休民力南開五溪西舉六郡皆正朔所不及祖宗所未臣可謂六服承德萬世之一時也至於壤地之有離合戶版之有耗登名號之有升降以今準昔損益蓋多而舊地理者猶以故書從事豈非陋哉有司建言適契上志乃詔臣肇臣德芻讎次於秘閣而臣存實董其事綜緝大體略倣前書舊名圖而無繪事遂請改曰志郡名之下附

金陵官书局光绪八年（1882）刊本

但见书业堂等三五家书肆，所售“唯有三场夹带及制艺、试帖而已”，后在书业堂购得一部《史记评林》及《史记志疑》。此外所逛，则有拜庚楼书肆及贡院前书坊。又曾至节街大西堂书坊，以银一两八钱，买得泽存堂本《玉篇》等多种。

同治六年（1867），书局迁至冶城山朝天宫后之飞霞阁。经过多次实践，曾国藩总结性地提出了“方”“粗”“清”“匀”的具体要求。他在致周学濬（1810—1858）的信中写道：“‘方’以结体方整言，而好手写之，则笔画多有棱角，是不仅在体，而足在画中见之；‘粗’则耐于多刷，最忌一横之中太小，一撇之尾太尖等弊；‘清’则此字不与彼字相混，字边不与直线相拂；‘匀’者字之大小匀，画之粗细匀，布白之疏密匀。”这四点，后来成为其他地方官书局对其刻本的普遍追求。

当年金陵书局（光绪间亦称“江南书局”）先后刊刻了《仿唐写本说文解字木部笺异》《几何原本》《曹集铨评》等，并仿常熟汲古阁主人毛晋（1599—1659）刊刻了《史记》、前后《汉书》和《三国志》。其所刻书，大致以经、史著述为主，诗、文集次之。其书目有《周易本义》12卷、《诗经集传》6卷、《史记集解索隐正义》和《汉书》各120卷、《湘军记》

20卷、《楚辞》17卷、《几何原本》15卷等。据统计，该书局共刊刻图书达56种，计2776卷。同治十三年（1874），与江苏官书局、淮南书局、浙江书局和湖北书局联手，合刻卷帙浩繁的“二十四史”，成为中国近代古书印刷史上的壮举。

金陵官书局所刊书，具有版本善、校勘精、价格较廉的特点。光绪初，改称“江南官书局”。据云南省图书馆史志记载，光绪十七年（1891）创办的经正书院，曾派人到上海、广州、汉口、金陵的旧书铺购书。因此，当光绪三十五年（1909）云南省拟创办省立图书馆时，正闲置着的经正书院房舍便转为了馆舍，而且其数十万卷藏书，也顺理成章地成为该馆的馆藏文献基础。

但江南官书局在清末民初迅即衰落。钟敬文（1903—2002）在《金陵记游》一文中写道：“在夫子庙内外逛了一回……又走进了滨河的江南官书局去，想买点线装书。可是一查目录，竟空虚得可怜。光着手走开吗？心里总有些过不去；于是，便随意购了一部《秣陵集》。”书局业务延续到20世纪30年代初歇业。

随着湘军克服金陵崛起的，有同治五年（1866）杨仁山居士（1837—1911）在北极阁创建的“经书局”。

后移花牌楼、常府街，于光绪二十三年（1897）迁移至延龄巷，今称“金陵刻经处”。先后刻成木板经书211种、佛像18种，积存书板4.7万多片。

此外还有开业于三山街大功坊秦状元巷里的李光明书庄。卢前在《书林别话》中写道：“金陵三山街为明代刻书者所聚，如宋时之临安。富春堂等，则犹陈氏书棚，皆卓然有闻者也。近百年刻书业，则始于洪杨事变之后，随曾（国藩）、左（宗棠）而起者曰‘李光明’。”

卢氏还在《冶城话旧》说：“状元境，相传为秦会之（桧）宅址，故名。近数十年，为书贾麇集之所。清末，李光明庄刊行蒙学书籍，顾客最多，吾辈儿时所读‘四书’‘五经’，皆李光明本，今移至金沙井矣。”他回忆说：“当晚清时，东南各省几无不知李氏者。所刻如‘四书’‘五经’、《三（字经）》《百（家姓）》《千（字文）》《史鉴节要》《龙文鞭影》诸书，皆当日家塾之课本；蒙童无不人手一编，故销行极广。其书内封面多印绿色画一帧，上加红色大字楷书，多出予父执胡小云先生之手。间有太史孝廉家刻文稿硃卷，亦往往托李光明。李氏之子在光、宣间，已多衣冠人物……自商务印书馆、中华书局崛起，编辑中小学教科书，而李光明之书遂不行。然四乡外县，犹有负担入城而购书者，今也则无。至刊刻，书品又远逊党家巷姜氏，于是姜氏刻书处尚存，而李光明庄不复知名于南京矣。”

李光明庄的销售门市部，设在状元境口的状元阁。其所印行图书，均在正文前加上朱墨广告一叶，说明李光明庄的方位地址、服务项目、书单和价格等。转录如下：“江南城聚宝门三山街大功坊郭家巷内，秦状元巷中爵记李光明家，自梓童蒙各种读本，拣选重料纸张装订。又分铺状元境口状元阁实价发售。”

该广告简要地介绍了李光明庄的销售地址和主要业务。或有其他版本的书首广告，文字有所改易，但大旨总是没有变化。1927 年前，李光明又购买了汤明林书庄的大部分板片，增强了书业市场竞争的实力。

民国时期的“花牌楼书店街”

如今早已消失了的“花牌楼”，原指明朝开国大将常遇春（1330—1369）府邸前的两座牌楼，它们因纹饰着各种吉祥花卉，精美绝伦，遂在当年居民口中称为“花牌楼”。日久成习，“花牌楼”作为通用地名流传后世。当年大兴土木建造的常府，占地甚广，大致范围在如今的杨公井一带，位于常府街、三十四标以南，太平巷以北，太平南路以东的地块。

清宣统二年（1910）四月二十八日，获得清廷支持的两江总督端方暨江苏巡抚陈启泰，在南京丁家桥—青石村一带举办了历时半年的“南洋劝业会”。刘承干（1881—1963）闻讯从浙江来到南京参观，他很快被状元境的古旧书铺给吸引住了，对群情争趋的海内外工、商业产品无甚兴趣。后来他在《嘉业藏书楼记》中回忆说：“南洋开劝业会于金陵，瑰货骈集，人争趋之。余独徒步状元境各书肆，遍览群书，兼两载归。

“南洋劝业会”牌坊

越日，书贾携书来售者踵至，自是即有志聚书。”真是种豆得瓜，“南洋劝业会”竟催生了刘氏嘉业藏书楼。这一藏书楼至今矗立在湖州市南浔镇西南处，吸引着海内外无数的游客到此参观。

卢前在《冶城话旧》中写道：“入民国后，昌明书局为各书店入状元境之始，然商务（印书馆）、中华（书局）先后开办于花牌楼，‘昌明’不能取旧书肆代之也。萃文（书局）、保文堂开设较晚，卖旧书仍以文海山房为有办法。主人老冯，善于搜集。每有所得，视其所需，分送雇主家，不以门市为主。近年来京猎官者，多携古籍，遇困穷则以出售，老冯其掮客也。据云，每月经手仅数千元。百物昂值，而书价如故，又读书人少，老冯常怨恨云。”

宣统元年（1909），沈泽山开设了主销旧书、石印书的昌明书局。1912 年元旦，由陆费逵等 5 人合资创办的中华书局在上海成立，次年即择址花牌楼（今南京古籍书店所在地）设立南京分局，首任经理为沈仲约。不甘其后的商务印书馆，也在 1914 年，开设南京分馆于花牌楼（位于太平南路 252 号），任用童壁为经理，展开业务和市场的竞争。据 1929 年的一份统计数据，各书店日销额排名如下：商务印书馆，200 元；中华书局，100 元；聚珍书局，30 元；李光明庄，20 元；而昌明书局仅有 2—3 元，略胜于天禄山房的 2 元、萃古山房的 1—2 元、汤明林书庄的 1 元。

有关 1927 年前后的南京书肆业态，刘纯编撰有《南京书肆调查表》（刊于《中华图书馆协会会报》第 2 卷第 4 期）。他按当日书店名称的首字笔画多少为序，对南京书店的名称、店址、经理姓名、经营方向、卖书种类、有无营业书目、买书有无折扣、创办时间做了较细致的调查，并列表公布出来。

在《南京书肆调查表》的前言和后记中，刘纯先生分别有两段说明文字：“南京素为文物中枢，书业向称发达，就其性质可分新、旧两种。凡售石印、铅印或西籍、教科等书者，皆属‘新书业’。所谓‘旧书业’者，即专售木版书籍，此种书贾大都贩卖性质。其能全售自刊之书者，在官（书）局方面，仅有江南、淮南、江楚三局，今已归并江南书局矣。商店方面，亦只李光明、汤明林二书铺，近汤明林已改营石印，所有版片大都为李光明吸收。此外自刊善书者，则有一得斋善书局。关于佛学者，则有金陵刻经处、佛经流通所、支那内学院三处。余皆随收随卖，毫无定准。纵有一二书肆印有书目，因系贩卖贩买，故恒有目无书，有书无目，学者欲购何书，势非挨铺搜求，难期必获。然木版旧书，又非在此中觅取不可。”

“书肆之中心，旧书业荟萃于状元境，新书业集中于花牌楼。考其历史所在，因清季科试场，邻近状元境，故业旧书者咸以其地邻近贡院，又有‘状元’之名，投一班学子之所好，故群众书店均荟萃于此。嗣虽停科，而因历史之关系，至今仍以该境为旧书之窠巢。至新书业，始创于清季光、宣之间，民国以来日渐发达。花牌楼一带本为北城之大市，各种学校大都偏近于北城，业新书者，为营业便利起见，故皆集中于此。总之，欲购旧书者，必至状元境；欲买新书者，须赴花牌楼。至善本书籍，无论何种书肆均不易见。

另有专作书贩一业者，代人买卖，必须经若辈经手，较易搜求。”

现将刘氏在《南京书肆调查表》中提及的书店，按其创办历史先后，兼以区域所在，重新分类排比如次。将此项资料与纪庸（1909—1965）的《白门买书记》的记载相对照，足以了解20世纪上半叶南京旧、新书业的盛衰兴废。

“欲购旧书者，必至状元境。”先后有光绪二年（1876）开设的渊海书局，经理康祝三；光绪二十六年（1900）开设的天禄山房，两家专营经、史、子、集四部旧书；同年，朱俊之经理的奎照楼开业，专营木版、石印旧书。光绪三十年（1904），有钱仁美开设的“同文书局”，专营木版、石印旧书。

宣统元年，姚永福开设了主营旧书的文奎阁，兼售自刊童蒙读本和石印书籍；同年，沈泽山开设了昌明书局，主销旧书、石印书；宣统二年，朱甸清创办了萃文书局，主营四部旧书，并编有营销书目，常年以六折价给淘书客以优惠。

1928年下半年，受中央大学文学院之聘的汪辟疆（1887—1966），在日记中留有到状元境书肆阅书的记录。如9月17日，与黄侃（1886—1935）雇人力车，至状元境萃文书局，购《东坡编年诗补注》的记录，而黄氏则购《藕香零拾》《尔雅》数种。10 月 4 日，至状元境书肆阅书，购买《东洲草堂诗钞》；9 日，至状元境阅书，并购买《甘泉乡人稿》，并代黄侃购《通志堂释文》。12 月 3 日，则总计其新购书账，计有《太平御览》《马氏绎史》等数十种之多。并发表感慨道：“比年旧籍益稀，售直遂巨。通行典籍在十年千所谓易得之本，今皆以奇货视之。”“金陵旧称文化之区，近则新出之短书小册，充轫市间，花牌楼尤为总萃之地；其售旧籍者，则在状元境附近。收藏较多者有朱姓之‘萃文书店’，张姓之‘保文堂’，惟售值奇昂……”

1912 年开设在状元境的书店，还有冯培基的文海山房、杨开鹏的学海书局。1919 年开设的傅氏华荫堂、1922 年创办的葛氏集古书局，都是主销木版线装书，兼售石印书。

1925 年设址于此的由王仁权经理的保文堂，主要经销四部旧书，编有营销书目；同年，刘少卿开设了聚雅书局，次年还开业了以洋版石印旧书为销售对象的聚珍书局。此外，还有一家附设在渊海书局内的康祝三“一得斋”，亦设址于状元境，主要经营劝世善书，备有营销书目。

位于贡院街的“江南书局”（“淮南书局”及“江楚编译书局”，时已均并入）的时任经理为李士涛，主要经销自刊自印的旧书，并编有营销书目。

1917年创办于贡院西街的“文苑阁”，由王晟之担任经理，经销木版、石印旧书；同年创办于此的“萃古山房”，由刘雨亭担任经理，经销四部旧书。这两家书店均无书目，亦无折扣。

“欲买新书者，须赴花牌楼。”花牌楼作为新崛起的书店街，一度鳞次栉比，衡宇相望。不仅私家书铺“前仆后继”，集中于此，而且各大出版机构也在此竞设门市部或分店，挂牌经营。

有王成章经理的“商务印书馆（南京分馆）”，专营自刊中、西文书籍；有唐德元经理的“国学书社”，专营木版、石印旧书，以及史久成经理的“共和书局”，主要经销自刊新书和外版书刊。

位于今杨公井口太平南路220号的“中华书局（南京分店）”，经理为沈仲约，专售自刊中西文书籍，并编有书目。1921年在此一带开设的“世界书局（南京分店）”的经理为史久成，主营自刊书籍，兼及其他新书，亦有书目。1923年，由陈子青任经理的“南洋书局”开业于此，专销新书。次年，由冯伯揆经理的“中国图书公司”挂牌营业，主销中西文新书和石印教科书，编有书目，但折扣时有时无；这一年，还有赵南宫任经理的“泰东书局”开业，经销自刊新书和外版书籍。

1925年，先后开设的有钱长美任经理的“合作书店”和吕镜清任经理的“华东书局”，前者经销木版、石印旧书，后者专售新书，两家均无书目，无折扣。同年开设在花牌楼的，还有魏兆明任经理的“交通图书馆”，专售石印书籍；有黄挺生任经理的“南京书店”，专售新印书籍，该店于1926年与中华图书馆协会联合发行过由知名学者刘国钧（1899—1980）任编辑主任的《图书馆学季刊》。

除了“旧书业荟萃于状元境，新书业集中于花牌楼”以外，在南京城区的其他一些地方，当年还分布有若干新旧书店。如总店设在秦状元巷、分店位于状元境的“李光明庄”，始创于同治初年，时由李仰超经理自刊旧书；光绪二十六年（1900），开设在黑廊的“汤明林”书铺，时由汤承斌经理，主销自有刊本，时已不常印刷。两家书业“老字号”皆有营业书目，对顾客并无折扣优惠。自民国以后，新文化大兴，在相当长一段时期内，几乎每年都有书店在南京开业。

如民国初年开设在奇望街的周绍堂“有正书局”，主营碑帖、金石类书籍；1916 年开设在益仁巷的杜仁记“幼海书局”，由沈仲约经理，经销木版、石印旧书；又次年开设在五马街的“崇古山房”，由葛子珍经理，主销木版、石印旧书。

1919 年创办于四象桥的杨老四“蕴古斋”，营销木版、石印旧书；次年创办的蔡氏“天一书局”设在成贤街，营销铅印、石印新书和教科书等；1922 年开设在龙门街的孟子卿“怀仁书局”，主销木版、石印旧书。

还有 1924 年开设在北门桥的“教育图书馆”“光天书局”，次年开设在龙门街的丁氏“松鹤山房”（主销木版、石印旧书），以及开设在唱经楼的“华美书局”；1926 年设址在马府街的“庆福书局”、专售新书的“金陵图书馆”等。

此外，光绪年间创办于延龄巷的“金陵刻经处”（时任经理为萧屏阁）、设址在羊皮巷的“佛经流通所”（时由妙莲和尚主理）、1918 年创办于大中桥的“支那内学院”（时由欧阳渐经营），三家均销自刊佛经佛书，编辑有书目，是当日南京和周边地区人员购买佛经的主要去处，但均标实价，没有折扣优惠。

以上大致是晚清以迄20世纪20年代后期，南京书业的概貌。

1930年，日本文献学人长泽规矩也（1902—1980）到作为国民政府“新都”的南京逛书店后，记述道：“现在南京的书肆，分为新、旧两种……集中在以夫子庙为中心的周围地方，多在状元境内设摊位，庙里也散放一些书摊。新书肆散见于花牌楼，中央大学前也有。”他在夫子庙旧书肆逛后的观感是：“保文堂李氏、萃文书局朱氏稍微大些，常常印行书目。萃文书局有少量的善本，但全然不及北平的书肆。”

在“新都”的建设过程中，旧称“义祥街”（俗称“吉祥街”）、花牌楼（原为“雍睦里”）、门帘桥、太平街的中山东路至白下的路段，在1931年拓宽后命名为“太平路”。同年，白下路至建康路段拓宽后，称为“朱雀路”（1969年开辟了“太平北路”，于是再改太平路和朱雀路为“太平南路”）。

在南京沦陷于日寇之前，太平路是南京最为繁华的商业中心，而原“花牌楼”地段，则在20世纪初不断发展，逐渐成为国民政府首都知名书店街。当年，各有经销特点的大小书店此开彼关，先后多达四五十家，吸引了当地乃至全国各地的读书人和藏书家到此淘书。

受抗战初期战火延烧、日寇据城践踏以后，南京作为当时全国的重要书业中心被摧毁。1942 年，任职于汪伪中央大学图书馆的纪庸在《白门买书记》中写道："金陵非文物之区，自经丧乱，更精华消尽；徒见诗人咏讽六朝，惓怀风雅，实则秦淮污浊，清凉废墟，莫愁寥落，玄武凋零。售书之肆，唯以旧货居奇，市侩结习，与五洋米面之肆将毋同……""状元之境，乃自绸庄沦为三、四等旅舍，夜灯初明，鸠槃荼满街罗列，大有海上四马路之观。典籍每与脂粉并陈，岂名士夥风流乎！不过目下较具规模之坊肆，仍以发祥该'境'为伙，如朱雀路之'保文'、太平路之'萃文'，其佼佼者也。"

这番观感，与刘纯在 1927 年撰写《南京书肆调查表》前言时所道"南京素为文物中枢，书业向称发达"，乃有天壤之别！仅此一端对照，已足证日寇戕害文化金陵之烈矣。

当年纪庸淘书，往往从朱雀路 16 号上的钱氏翰文斋（书店）起始，然后逛发轫在状元境，1936 年始移铺至朱雀路 32 号的张氏保文堂书局，接着到朱雀路 62 号的翁氏国粹书店。路对面，则有位于朱雀路 17 号的倪氏艺文书局，以及与之相邻的南京书馆。

从朱雀路过白下路而北，即旧称"花牌楼"的"太平路”，此地“乃战前新书业荟萃之区”。位于太平路226号的，是始设于状元境的朱氏萃文书局；位于太平路463号的，是谢氏庆福书局；其路对面453号，有林氏文库书局。而仅存于状元境的，自东而西，有扬州杜氏幼海书庄和扬州冯氏文海书局。冯氏不知获得何种因缘，竟得到了江南图书馆旧藏之书。纪氏于此购到丁氏嘉惠堂旧藏明本《玉台新咏》等书。文海书局还有不少有关太平天国的文献史料出售。

在其附近还有门牌为状元境27号的殷氏善文书店，殷氏早年系保文堂学徒，日寇劫后自营门市于此。1939年秋，纪氏曾以3元之贱价获得粤刊巾箱本《七修类稿》，又以高价购其《清史稿》等书。其西为位于状元境55号的会文书局，据说老板韩正鸿较少市侩之气。位于状元境46号的葛氏集古山房，以及分设铺面于贡院西街77号的刘氏萃古书局，皆生意清淡，濒临倒闭。

在贡院西街67号的，是扬州人陆子西的问经堂书店，铺面最大，堪称“南京书业务之巨擘”。陆氏原系萃文书局伙友，自营书店之后，中西新旧书籍兼蓄，且不计小利，因此门市销售最为热闹。纪氏于此购得《越缦堂日记》全帙。

夫子庙—贡院街的旧书店（摊）

南京夫子庙书肆区位于秦淮河畔贡院—孔庙（俗称“夫子庙”）附近。夫子庙地区泮宫内外和状元境、贡院西街一带的书肆书坊，不仅是明清两代金陵书业中心的一个重要组成部分，而且名播国中，与三山书肆街一起成为士人们乐于踪迹之地。

道光十六年（1836），曾国藩参加京师会试落第后，沿大运河乘舟南下返湘。途径江苏睢宁时，向时任知县的同乡易作梅借银百两。到金陵后，遍逛旧书肆，买了“二十三史”等书，结果钱还不够，就押了行囊中的裘皮衣等作价。到家后，其父曾麟书告诫道：“你借钱买书，吾竭力为你偿还。不过你得圈点一遍，才不辜负啊！”于是曾国藩接着以一年为期，每天点读十叶，且自以“间断点读”为“不孝之举”。如此发愤苦读，兼览百家之书，清晨即起，夜半而息，足不出户将近一年。随后终于金榜题名，获赐“同进士出身”

的做官资格，先后为翰林院庶吉士、检讨。

夫子庙一带的旧书肆在民国年间多为小本生意，以出售线装旧书为主，营业品种甚为广泛，至 20 世纪 40 年代则兼营新旧小说出租业务。宣统二年（1910）秋，张梅庵（1895—1961）在《金陵一周记》中写道：“午后至夫子庙购旧书若干部。得《瓯北诗话》旧本，珍逾拱璧。盖余酷嗜赵瓯北诗，而又耳食其诗话久矣。夫子庙书肆最多，阮囊羞涩，不能多致古籍。然每过书肆，必翻阅一遍，聊偿吾愿。”

在 20 世纪 30 年代后期至 40 年代前期，沦陷于日寇之手的南京的旧书业有一段颇为诡异的发展轨迹。

时为上海《文汇报》记者的黄裳（1919—

民国初年夫子庙侧的旧书店

2012），在《旅京随笔》一文中回忆说，1946 年 9 月，他从山西路一家旧书铺老板处了解到，“当南京沦陷之初，满街都是旧书，没有人敢买，也没有人买得起。这些书大抵连造‘还魂纸’都没人要，大多烧火而已”。于是，1940 年 3 月，任汪伪政府内政部部长的陈群（1890—1945）即加以收购。消息灵通的书贾们于是张罗着收集旧书，并做必要整理后，出入伪内政部机关办公楼里找“部长”求售。于是，陈氏在南京的“泽存书库”很快就收藏了 40 万册左右的图书。

南京老报人杨心佛也记述道：“当时夫子庙大成殿的东、西两廊都是摊贩，大小书肆麇集其中。‘维新政府’的内政部设在明远楼前南京市政府旧址（即今南京市中医院所在地），两地距离很近，陈便不时前往浏览，每去一次，总要买些旧书。有时坐上小汽车，去莫愁路或门帘桥的古旧书肆物色旧版古籍，偶得善本，不惜重价。所以南京的大小书店，都知道陈群买书、藏书的声名，竞罗私家藏书，转手待价而沽。有些书贾，送书上门，供其挑选。”

又说，陈氏在上海有一个金屋藏娇的公馆，每周要去一次，上海的书贾也纷纷奔走其门，持书求售。沦陷时期，敌伪横行，私家藏书被劫掠散失在外的很多。

陈群际合时会，很收得一些好书。他把先前在北平收得的一部分书，连同在南京购的书合并起来，就在昇平桥建了一座泽存书库。后又办了泽存中学（即今市立三中旧址），书库遂迁往颐和路 2 号。

1943 年，陈群至苏州任伪江苏省省长， 又在上海正式建了颇有规模的泽存书库。1945 年 8 月 15 日，日本天皇宣布无条件投降后，惊恐终日的陈群在 8 月 18 日向日军索要烈性毒药后自杀。其书库建筑和藏书也被作为伪产，由国民政府没收，拨给国立中央图书馆接收，于陈氏“泽存书库”原址颐和路 2 号作为“特藏”。

那么，当年在夫子庙市场，都有哪些书店呢？据《南京市新华书店史志（1949—1990）》所附《汪伪时期南京市图书业一览》披载，时在那一带设铺开店的，有位于夫子庙市场 18 号的葛氏文宝斋，24 号的戴氏聚文书局，51 号的王氏三槐书店，67 号的王氏玉山书局，97 号的平凡书店，114 号的丁氏松鹤书局和李氏锦明书店，146 号的刘氏天禄书店，149 号的王氏翰记书店，151 号郭氏开基书店，196 号的王氏同庆书店，233 号的王氏文藻书局和张氏龙门垒书店，287 号的吕氏松山书局，297 号的泰昌书店和宋氏文发书局。

贡院西街 67 号有陆氏问经堂书店，69 号有王氏文津书社，75 号有王氏文苑阁，77 号有刘氏萃古书局，79 号有杜氏幼海书庄。

经日寇和汪伪政府盘踞过后的南京，其旧书业衰落至极。黄裳在《白门秋柳》一文中，写到其逛夫子庙旧书店时的见闻是："从一条小胡同里走进去，有不少家旧书店。进去看看，实在没有什么可买。想买一部《桃花扇》，却只有石印本和铅印本的'一折八扣本'……"

到 20 世纪 40 年代末，有知情人回忆："1948 年下半年，南京风云突变，达官显贵们纷纷离宁出走。他们携带不走的除笨重家具外，其次要算书籍了。带不走的书籍多数流到旧书肆去了。那时，南京夫子庙旧书店、旧书摊有多处。最大的是'泮池书店'，老板张舜铭。太平路有问纪堂、翰文书店、萃文书店。莫愁路上，书摊最多，新街口摊贩市场内的书籍最便宜。"当时逛旧书店淘旧者摩肩接踵，可购到的不仅有便宜的书籍，而且还有古书珍本、钞本、札记，以及旧杂志如《大公报》社所办《国闻周报》等。于是吴梅、胡小石、郑鹤声、范文澜、罗尔纲、朱子爽等，常用星期日的光阴淘书觅宝，常有先得之机。

1950 年代初，上海、杭州、武汉、南昌、长沙，以至西安、重庆、成都等地的读书人到南京来搜购，造成书价成倍，甚至十数倍地激涨。

据赵子云《想起夫子庙古旧书店》一文中回忆，在1950年代至1960年代上半期，在夫子庙东市场巷口，有一家由两三间相通、低矮而狭长的空间组成的古旧书店，“靠墙一面，一人多高紧排着的书架，及屋子中央一长溜架起的铺板上，置满了各种古旧书籍，其中有木刻版、石印版、珂罗版的线装书，还有不少解放后出版的铅印书。种类大都为文、史、诗歌、碑帖、画册，也有少量科技书和手迹本。一律开架，任人翻阅。那些线装本书，成色新，价格也便宜”；“书店里的营业员，是几位年逾半百的长者，他们为人和蔼，服务周到，热情地帮你挑书……”

作者当年还是个中学生，往往约上几个同样爱书的同学，从城北步行到夫子庙，先后买到过《千家诗》《白香山词谱》《明季南略》《西山逸士画集》等。不幸的是，随着1966年8月的“破四旧”运动开展，这家书店被迫停业，而他自己所买的书，也被付之一炬。

其实，据《南京市新华书店史志（1949—1990）》记载，这一家旧书店，只是由秦镜若主管的“夫子庙书店”（属于“集体所有制”合作社性质）门市部之一，实际房产比作者看到的店堂要多，拥有6号门面、5间楼阁，店堂后有3间敞厅等；此外，还有经营旧书收、售业务的贡院西街门市部（闱巷南首），以及主要经营新书的贡院街门市部（绿宝水果店旧址）。

“夫子庙书店”规模较大，员工较多，所设销售门市部实行“统一管理，单独核算，自负盈亏”的管理办法，在“文革”一开始就为形势所迫而停业，其用房由南京市新华书店收回。待“文革”结束，进入“改革开放新时期”后，于1986年7月21日，在夫子庙东市文化市场，开设了主要为吸引中外旅游者，购买古旧书刊、新印南京地方文献、碑帖字画、旅游图书的“书香阁”和“墨缘轩”。次年3月，“书香阁”与古旧书店分开经营，但都隶属于市新华书店管理。

据宁重远先生在《秦淮河又有了书卷气》一文中记述，“在大成殿外左右两侧为东市和西市，都是窄窄的街，低低的楼，一律是新造的古典建筑。这里的商店大多是出售书籍和工艺美术品的。东市‘墨缘轩’楼下出售新书，楼上辟有‘古籍部’，内有一部分书籍是按刻本复印的，如《金陵梵刹志》《秦淮香艳丛书》《金陵览胜志》《后湖志》《玄武湖志》《江宁县志》《六朝事迹编类》《金陵琐记》，像这些有关金陵地方史志在他处是难见着的”，其右侧有一家专售“文房四宝”的“四宝斋”，有湖州、苏州等地出品的佳笔，徽州出产的妙墨，以及端砚等。再右侧则有启功书额和治印水准较高的“金陵印社”。

待至暮色四合、路灯开启时分，在夫子庙西市一带还会摆开若干个书摊。但这一切，都已是 20 世纪的旧景往事了。

从萃文书局到南京古旧（籍）书店

清宣统二年（1910），朱甸清（1890—1960）在金陵城南状元境开设了一个名叫“萃文”的书局，地址为太平路226号（1949年之后，重编为463号），主营经、史、子、集等古旧书收、售业务，常年以六折惠客。1929年，编印过《首都萃文书局书目》。1931年，其侄子陈履恒（1916—1982）从扬州到书局，随姑父朱甸清习艺。陈乃乾（1896—1971）在其日记里，有“至萃文堂。访朱甸清，留午饭，别四十年矣，告我修补《汉学堂丛书》板事”，以及“晨，月自沪来，同往朝天宫看木板。午刻至萃文堂”等记事。

1955年4月26日，在江苏省文化局所派干部领导下，萃文书局成为南京市第一个省新华书店所属的公私合营书店，在新迁店址太平南路93号开业。其公方代表和负责人为嵇盛林（任职时间为1956年1月至1966年），私方代表为原萃文书局经理朱甸清的继承

外埠函購書籍章程

一本局新舊書籍照定價九折發售學校同行備函購買者（以蓋章爲憑）得以八五折計算惟代售各書雖學校同行亦無折扣

一外埠函購請先將書價及寄費匯下當即將書照奉無誤寄費每包四磅連掛號二角一分書價以首都通用國幣爲限購書不滿一元者郵票照十足通用須以二角之內郵票爲度汚損揭不開者不要

一目內所載之書嘗有名同而紙料印工不同者故定價不一譬如一書有數主函購以信款先到者爲准倘如書不合意可掉他書往返郵資歸客自備

一目內所載之書均從各省搜求而來以供海內諸藏書家圖書館及學者選擇如肆上發售普通石印坊刻劣本本局雖備祗供門售不列入目也

一來信購書或通問無論初次二次住址必須塡明以免查看費時或致遺悞也

南京狀元境萃文書局訂

萃文书局《外埠函购书籍章程》

人朱善如。书店专营古书收购和销售业务。

1956年1月16日，在南京市“公私合营”高潮中，“公私合营萃文书店”，与由文雅书局、中孚书局、问经堂、庆福书局、文库书局、泮池书社、康田书店、扫盲书店、东方红旧书店、科学书店、文学书店、文津书局12家私营书店的部分人员组成的“公私合营东方红旧书店”合并，建立“南京古旧书店”，成为南京市新华书店直属的一个经营古旧书的专业性门市部。

1958年11月1日，该店迁入太平路74号。时有员工10余人，年销售额约人民币10万元左右。

1959年出版的《南京游览手册》记述：“南京市新华书店成立于一九四九年五月……为了更好地为生产、为科学研究服务，该店特设立了专业性的科技门市部、图片门市部、外文书店和古旧书店，以满足各类读者的需要。”其中，“南京古旧书店古籍门市部”设于太平路74号，又在中山东路196号设有“旧书门市部”。两者均系1949年5月建立的南京市新华书店管辖下的门店。

据《南京市新华书店史志（1949—1990）》记述，当年为贯彻“古为今用”的方针，新华书店在抢救、挖掘、整理祖国文化遗产方面做了大量工作：“为了扩大古旧书籍、期刊的收购范围，不仅在市内设点，还派员深入到省内外，市、县农村及民间进收购。1961 年商业部、文化部发出的《关于加强旧书回收工作的联合通知》下达后，该店加强了与市废品回收公司的联系，定期上门挑选旧书、杂志。由于工作人员的辛勤带动，抢救了许多很有价值的图书资料。经过整理、配套，他们向各高等院校、科研单位的图书馆先后提供了不少极其珍贵的资料，保存了一些祖国的文化遗产。如今该店藏书有：明代万历年间刻本《孝经注疏》二册，清代康熙年间刻本《金瓶梅》传奇等。”如南京图书馆曾通过此店购得元刻本《韵补》，以及明人抄写《妙法莲华经》等多种珍贵古书。

古旧书店的老员工大多略通修补之术。“简单的修补，包括衬页（雕板印刷的书籍只印一面，若破损需在另一面加衬）、加封和装订。破损严重的，衬页后还需用墨按原样打线、填字。古旧书籍修补讲究整旧如旧，字体、纸张、墨气都要力求与原版一样。这样的功底可不是三年五载就能‘修炼’出来的。修补旧书不仅麻烦，而且辛苦。有些旧书，纸张变脆，拆下来就散了。夏天，不管天气再热，工作间的窗子都不能开。否则，风会将纸张吹碎、碎片吹散。冬天，天气再冷，也不能生炉子。否则万一将孤本烧坏，就要遗恨千古了。”

1961 年 8 月，为缓和图书供需矛盾，南京古旧书店改为图书出租门市部。次年 5 月，该门市部迁至中山东路 114 号。同年，市新华书店为缓和图书供需矛盾，决定将中山东路综合门市部让出的部分房舍改为经营旧书回收和出售的“南京旧书店”，当年迁至太平路 220 号（位于杨公井十字路口，中华书局南京分局旧址）营业的“南京古旧书店”，改称为“古籍书店”。时有南京农学院教师单人耘先生咏诗一绝：“痴人独爱古人诗，又向书坊拜退之。十首《秋怀》匆录罢，不知窗外雨多时。”自注云：“唐韩愈有《秋怀》诗十一首，散师深爱之，嘱耘必读。”1964 年，南京旧书店并入该店，又改称为“古旧书店”。

该店自迁入太平路 220 号后，开展了多种形式的服务项目，加强了对大专院校、科研单位的主动服务。根据单位需要，开展了过期杂志的收集配套，多卷集图书的配套、以及线装本古籍书的整理修补、缺书登记、为外宾购书代办手续等业务，深受广大读者欢迎，获得较好的社会声誉。刘伯承（1892—1986）、齐燕铭（1907—1978）、廖承志（1908—1983）、陶白

（1909—1993）、韩念龙（1910—2000）、彭冲（1915—2010）、柳林（1917—2001）等各级领导，以及省内外专家学者和书画家等，时常到店参观选购。

1966 年“文革”开始后，南京古旧书店遭到冲击。

1981 年，南京古旧书店在经营范围和门市布局上，改以经销新书为主，仅上架陈列少量古旧书。因扩大了图书经销门类，丰富了图书品种，人员相应增加到 40 人，销售额逐年增长。至 1983 年，年销售额达 88 万元，利润 6.7 万元。

1983 年 4 月，南京古旧书店派员参加了在扬州召开的“全国古旧书店业务交流会”，参与研究和讨论了当前古旧书业经营现状等问题。次年，江苏省出版总社转发文化部《关于进一步加强古旧书刊回收工作的通知》，对古旧图书业的工作方针、任务、方式都做了明确规定。南京市新华书店决定对该店的经营范围再做较大的调整，重新恢复古旧专业书店的特色。将已经营的文教、少儿、文艺等类别的新书全部下架，扩大陈列文、史、哲领域新印的古籍品种，突出线装本古书，并在二楼开辟“内部发行组”，陈列 1949 年以前的旧书刊、碑帖、字画，供有关单位和专家、学者选购，还成立了“对公服务组”。

中华民国年间中华书局（南京）门市部及办公楼

为了开拓进货渠道、发展横向联合，南京古旧书店与中华书局、上海古籍出版社、文物出版社建立了特约经销关系，直接进行业务往来。同年，将“旧书部”划出另设“旧书店”于太平南路252号，专营旧书回收、销售业务，恢复了门市收购，以及到市废品回收公司拣选所收旧书和上门收购等业务，扩大了收购金石、书画、碑帖等业务，在门面设立“文房四宝”销售专柜，基本恢复了古旧书店的传统经营特色。还与有关单位合作影印了《十年来之中国经济建设（1927—1936）》等古旧书刊。

1991年，该店有正式员工35人，销售“新旧书”300

万元。次年销售额至400万元，在全国同行中名列前茅。其中，许多门面销售的图书，都是采购人员不辞劳苦，从北京、内蒙古、上海、浙江等地的出版社和新华书店批发来的“特价书”。经营“新旧书”要比卖新书的工作量大得多：每一本书都要看、标价。因此，目前许多地方的古旧书店都不卖“新旧书”。但收购、出售“新旧书”，可变废为宝、调剂余缺，还能减轻读者的经济负担。在顾客服务工作方面，南京古旧书店也一直坚持开展新书预订、缺书登记、邮购、电话留书、送书上门，以及期刊、多卷集配套等服务项目。

1992年春，藏书家田涛、李祝环一行访书到宁，受到南京古旧书店王廷江等人的热情接待。他们在《江南采书记》一文中回忆说：“作为金陵老字号，它们始终坚持古旧书店的专业特色，在经营新印古籍、旧书和古书方面，为有关专业单位、专家学者提供了较多的方便，专业书籍备货品种全，在南京有比较高的声誉。该店存有较多的明、清刊本线装书和民国年间出版的旧书，其中亦有不少善本、孤本。遗憾的是还有一些古旧书积库待整，无法阅览，但我们还是购到了几部比较好的版本和旧资料。”他们还非常有见地地赞赏其与有关单位合作，整理出版民国资料的积极举措，认为“在古旧书籍来源日见枯竭的时候，专业性书店将所藏古书文献，进行有目的有系统地复制发行，不但可以使书店获利，也可以使存世量日渐稀少的古旧书籍、文献得以更广泛的利用”。

薛冰在《漂泊在故乡》（广西师范大学出版社 2019 年版）里回忆说，杨公井古籍书店在当时还有线装古书，尤其是民国年间出版的南京地方文献出售，价格也不算贵。当时，“我与负责古籍销售的林海金先生已经很熟，每逢店里搞营销活动，都可以提前进入挑书。1991 年南京古籍书店影印出版《南京文献》和《香艳丛书》，‘影印说明’都是我帮他们写的”。

他在 20 世纪末所写的《南京的旧书与文玩》一文中说，“旧书”的内涵发展，大致经过了 3 个阶段：“在 20 世纪上半叶多指雕版（印刷的）线装书……相对于新出现的洋装书，它的形式‘旧’了；50 年代以后，又增加了民国年间的出版物，业内人称‘旧版书’，相对于新中国的出版物，它的内容‘旧’了——也是这以后才有了‘古旧书店’的名目；80 年中期以来，新华书店不断将压库的新版‘流行畅销书’降价处理，起初号称‘特价’（此词语与‘调价’一样极富中国特色）；至 90 年代末，因为‘古旧书’已难得一见，古旧书店基本上已只销售大众化的‘特价书’，所以‘特价书’实已成为今日‘旧书’的主体。”

因此，当年南京古旧书店店堂里摆列的待销书，“基本上是新印古籍，且有四分之一的店面摆放的是‘特价书’；名副其实的古籍当然也有，且据说数尚以十万计，但还都堆在库房里。80 年代初，‘古旧书’是不对中国读者开放的，后来成为不对‘普通读者’开放，有‘关系’的人可以进一个隔出的小间一饱眼福。再后来限制取消了，读者有意都可以去翻检那几架古旧书，但书价今非昔比，乘风直上了‘九重天’。到 20 世纪末，晚清雕版本已到了非百元一册莫办的程度，其余可以想见”。

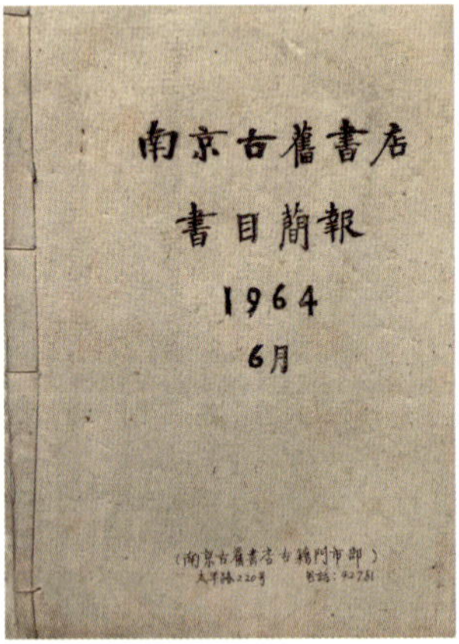

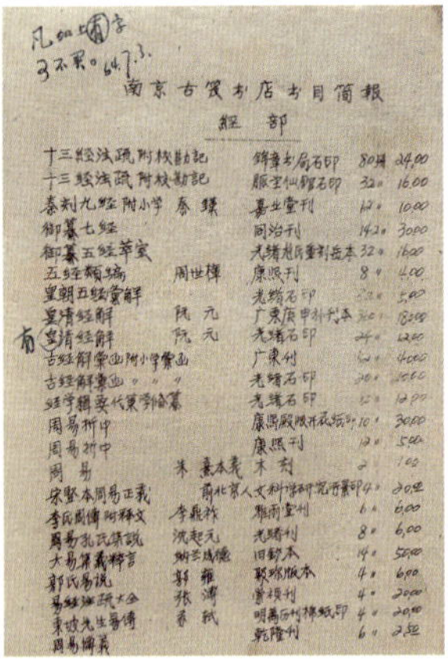

凡如(有)字
3不要。64.7.3.

南京古舊书店书目简報

經部

十三經注疏附校勘記		錦章书局石印	80册	24.00
十三經注疏附校勘記		脉望仙館石印	32〃	16.00
秦刻九經附小学	秦鏷	嘉业堂刊	12〃	10.00
御纂七經		同治刊	142〃	30.00
御纂五經萃室		光緒[illegible]重刊岳本	32〃	16.00
五經類編	周世樟	康熙刊	8〃	4.00
皇朝五經彙解		光緒石印	[illegible]	5.00
皇清經解	阮元	广東庚申补刊本	[illegible]	[illegible]
有 (皇)清經解	阮元	光緒石印	24〃	12.00
古經解彙函附小学彙函		广東刊	[illegible]	[illegible]
古經解彙函〃〃〃		光緒石印	[illegible]	[illegible]
經学輯要代東学論纂		光緒石印	[illegible]	[illegible]
周易折中		康熙殿版开花紙印	10〃	30.00
周易折中		康熙刊	12〃	5.00
周易	朱熹本義	木刻	2	1.00
宋槧本周易正義		前北京人文科学研究所景印	4〃	20.00
李氏易傳附释文	李鼎祚	雅雨堂刊	6〃	6.00
周易孔氏集說	沈起元	光緒刊	8〃	6.00
大易集義粹言	納兰成德	旧鈔本	14〃	50.00
郭氏易說	郭雍	聚珍版本	4〃	6.00
易經注疏大全	张溥	崇禎刊	4〃	20.00
東坡先生易傳	苏軾	明萬历刊棉纸印	4〃	20.00
周易[illegible]義		乾隆刊	6〃	2.50

下篇

南京新华书店及其中山东路新华书店等门店

1949年4月，中国人民解放军强渡长江，于23日解放南京。同日，华东新华书店十中心支店和八中心支店也随军进入南京。一周后，南京新华书店组建完成。次月12日，其第一门市部在中山东路130号（原中国文化服务社南京分社所在）正式对社会开业，时有营业面积百余平方米。8月1日，第二门市部在太平路339号建立。11月7日，第三门市部在中山东路130号建立。次年元月初，南京新华书店易名为新华书店南京分店。至一周年成立之际的统计，配合时政各项运动，共计发行图书195册。

以第一门市部为前身的中山东路新华书店（又称“南京图书发行大楼”），今占有中山东路56—58号门牌。其间历史多有变迁，如1962年，为缓解图书供应和需求之间的紧张矛盾，门市部被压缩，改为“南京旧书店”，以收购并再出售旧书，调节图书市场。两年后，此地恢复为综合门市部，“南京旧书店”并入位于太平路的“古籍书店”。

1979 年 4 月，政府决定动工开建 15 层、高达 56 米的图书发行大楼，为此，拆除了中山东路 56—58 号（位于新街口）的平房。历经 4 年的艰苦努力，大楼于 1983 年 12 月正式投入使用，定名为“中山东路新华书店”，成为全国新华书店系统中楼层最高的大型图书发行大楼。当月 6 日，对机关、团体试开业 3 天，并于 10 日对社会民众开业。

中山东路新华书店的一楼分设社会科学部、文学部、文化教育部、少儿读物部，二楼分设工业部、自

正在南京新华书店购书的读者
（摄于 20 世纪 80 年代）

然科学部、对公服务部、音像部、特价书部、业务经营部及展销厅，三楼为艺术部和文化用品部。据店志记载，当时分为40个柜组，备有各类别图书2.2万多种。开业第一天接待读者数万人次，日销售额6万多元。

开业后的中山东路新华书店，成为对南京及周边城乡居民极富文教意义的地标，它承载着无数读书人和藏书爱好者的人文回忆。

著名作家薛冰回忆说，在20世纪80年代初，他“就不时要到南京的新华书店去买几本书的。那时口袋里有了稳定的工资收入，书店里也有了再版的经典名著，兜里揣上十元钱，就可以放心大胆地抱一摞书去付账”。

不仅仅是南京读者，每至周末，来自扬州、镇江、马鞍山等周边城乡的读者，也会赶到南京购书。人们相信，“在当地买不到的书，南京新街口新华书店肯定会有”。

1986年9月，南京新华书店牵头主办了首届“南京书市”，主会场就设在中山东路新华书店。在短短半个月时间里，“南京书市”吸引了来自全国各地的读者70万人，售出图书100余万册。此后，“南京书市”“南京市读书节”，以及规模更大的“江苏书展”“江苏读书节”等，多以中山东路新华书店为主会场。

全国新华书店的门市零售方式，经过了从闭架销售到部分书籍开架，再到全开架的过程。1995 年，中山东路新华书店率先在江苏省内新华书店系统带头实行全开架售书，使读者可以自主地浏览和选择书籍，极大地提高了购书的便捷性和读者的阅读体验。

“为书找读者，为读者找书。”除门市零售外，中山东路新华书店还经常性地组织举办各种新书首发式、图书展销会、作家签名售书，以及各界名家讲座及分享会之类的活动，以吸引读者参与，获取媒体宣传报道，增加图书发行量，推广各类别图书阅读，被称为“南京人精神食粮供应的主要基地”。

除传统的图书经销业务外，书店近年来举办各类读者活动，尤其是面向少年儿童读者的活动，每周更新，丰富多彩，既有故事会、朗诵会等语言类活动，也有手工制作、科学实验等实践性活动，旨在激发孩子们的阅读兴趣和创造力，为孩子们提供了一个亲近阅读、感受文化的平台。

目前，南京新华书店隶属于江苏凤凰新华书店集团有限公司南京分公司，以中山东路新华书店为旗舰店。该书店总营业面积有 1.2 万平方米，有图书及电子音像制品逾 20 万种，是南京乃至江苏省图书、电子音像品种最多、备货量最大的大型综合性书店。2006 年 3 月被江苏新华发行集团授予“四星级门店”，并曾荣获“江苏最美书店”等称号。

此外，在南京城区分设有教育书店（2024 年 1 月 8 日起暂停营业，进行危房改造）、外文书店、少儿书店、古籍书店，以及凤凰国际书城、中山北路店、江东中路店、虹悦城店、万象都荟店等，在江宁、浦口、六合、溧水等区，也设有分店。其中如“南京凤凰国际书城”“溧水新华书店”“凤凰浦口新华书店”“南京六合新华书店”“江苏凤凰新华书店江宁分公司”等，拥有独立的微信公众号，用于更新店内相关资讯。

“南京新华书店”微信公众号是南京新华书店目前主要使用的信息门户，搭载“凤凰商城”“掌上新华”两个线上购书平台。前者是一个综合性的图书销售网络平台，汇聚了丰富的图书资源，满足了读者广泛的阅读需求；后者则对标特定门店，以对应门店既有图书库存为依托，支持到店自提，为读者提供了更加便捷的购书体验。

“南京新华书店”微信公众号还定期发布新书推荐、活动资讯、线上福利等动态，让读者第一时间了解到书店的最新情况和优惠信息。

“江苏最美”及“中国最佳”的凤凰国际书城

南京城与美好传说中的“凤凰”相关连，缘起于一座久已不存的六朝建筑，又与一位晚年游吟到此的唐代大诗人有关。

相传宋元嘉十六年（439），有毛羽绚烂的“异鸟”——凤凰，居停于都城南门（今中华门一带）内一处高地上，并有众鸟和鸣之声，遂于建初寺侧建造了一座“凰凰台”。唐乾元元年（758），被朝廷流放夜郎而在中途遇赦后的李白（701—762），来到金陵城。他在题为《登金陵凤凰台》的七律诗中写道：“凤凰台上凤凰游，凤去台空江自流。吴宫花草埋幽径，晋代衣冠成古丘。三山半落青天外，二水中分白鹭洲。总为浮云能蔽日，长安不见使人愁。”

诗作被人目为“绝唱”，于是登台诵诗，成为宋、元以来南京的新民俗之一。凤凰所蕴涵的高贵气质、吉祥寓意，以及体现着浴火重生精神的“凤凰”，为当代南京人士所深深认同，于是凤凰台饭店、凤凰出版社、凤凰出版传媒集团及凤凰国际书城等，均以此文脉为命名依据。

1998 年，湖南路商圈中段原本有一家名为“云湖”的书店，颇受读者欢迎。进入新世纪后，各大都市兴起了建设大型综合书城的风潮，于是凤凰出版传媒集团决定以云湖书店为基础，打造一个能够代表江苏省实体书店新标杆的城市文化地标。

2008 年 9 月 28 日，云湖书店迁入位于湖南路 1 号的凤凰广场，以“凤凰国际书城”的新名字和新业态，呈现于世。“以图书为主业，以文化为核心”，致力于以专业主义精神，营造“一座高雅精致的文化殿堂、一处休闲娱乐的文化场馆、一个充分满足消费者需求的多功能、一站式文化服务的大型商品 MALL（购物中心）”的目标，使得书城在拥有稳定的客流和可观的业绩的同时，还获得了“江苏最美书店”“中国超级书城”“中国最佳创新书城”“中国最美社区书店”“中国最美阅读空间”等省内外荣誉称号。

在十余年来的发展过程中，凤凰国际书城为应对线下图书销售的现实困境，不断调整经营方略，并进行过两次重大的改造，以适应时代的变化。

2017 年，凤凰国际书城投入巨资美化、亮化凤凰广场 A 座、C 座外立面，并对原有营销空间进行改造，新创了具有实验性的小型书店——“凤凰云书坊”，为读者提供 24 小时的阅读服务，标志着它由单体书城，向综合性大型文化广场运营的转型。

2021 年，面对着更为复杂多变的市场环境，凤凰国际书城再次调整运营模式，按照功能板块重新划分楼层，并且加入了餐饮、休闲、文创、培训教育、时尚购物等新业态。

目前的凤凰国际书城，共有五层楼的空间。一楼展销的中外畅销书和热门新书，设有文创产品铺和咖啡店。二楼为中外小说、诗歌、散文等文学图书展销区。三楼是专为儿童设计的空间，除了各类少儿读物，还设有亲子阅读馆。四楼是文化、教育区，展销的是教材教辅，并设有餐厅。五楼设有凤凰美术馆，以及适合当下年青人学习的共享空间——“自习室”。

凤凰国际书城每年都会精心筹划，并举办各种文化活动。如“凤凰讲坛”，为读者提供与知名作家、学者交流的平台；“名人签售会”，给予读者与心仪作家互动的机会，并能获得签名本书籍；“校园人文行”，邀请作者、学者走进校园，进行阅读推广活动，推进“书香校园”建设，播种“读书种子”。

凤凰国际书城还推出了一系列具有深远影响力的品牌文化活动和公益活动。“1000万书券惠全城”“凤凰文化夜市”，以及“有书的冬天不会冷”等活动，深入到社区和学校等基层单位。

开办小微书店，是凤凰国际书城扩展品牌影响力、扩大读者群的重要举措之一。在江苏新华发行集团的大力支持下，凤凰国际书城决定进军小微书店领域。

2007年，首家小微书店——“凤凰文化生活馆南财店”在南京财经大学仙林校区图书馆一楼开业，标志着这一战略的正式实施（至2022年暑期前关闭）。接着，凤凰国际书城继续以专业书店和主题书店为主干，以校园书店、社区书店、机关书店、农家书店等为支线，构建了一个庞大的小微书店网络。截至2023年，已有22家各具特色的小微书店相继开业。这些书店不仅分布在城市内外的不同社区、校园、乡村和企业等地，而且每一家都有其独特的风格和定位。

借助此类小微书店，凤凰国际书城化整体为零星地推销了中外优秀图书，因此也赢得了好评。如“凤凰吾在书舍”被评为“全国十佳榜样阅读空间”和“全国年度最佳社区书店”，“凤凰致远书店”被评为“年度最佳大学书店”，“桦墅凤凰农家书屋”被中国书刊发行业协会评为“中国最美农家书店”等。

2023年暑期，各地掀起了一股“研学”热潮。实体书店与文化、教育领域直接相关，且具有门店空间的实际优势，自然成为研学基地的重要目的地。凤凰国际书城顺势而为，充分发挥场地、文化、多业态资源优势，不断活动的内容和流程，推出了如“我当书城最美书店CEO（首席执行官）”“小小科学家”“非遗”系列之“指尖上的传承”等研学活动。

凤凰国际书城自创立以来，不断因势利导，与时俱进，积极探索创新营销方式和管理模式，为读者提供了优良的文化产品和精神食粮。

“大地上的异乡者”——先锋书店

话说 1995 年 12 月，一个年过而立之年的文学爱好者，从江苏金坛乡下来到南京。在一番犹豫彷徨和实地考量之后，他下决心开办了一家小书店。店铺是一间当地居民自行搭建的白铁皮房，位于太平南路 396 号的圣保罗教堂对面。

先锋书店店堂内景

著名作家薛冰在《漂泊在故乡》（广西师范大学出版社 2019 年版）里生动地回忆说：“只有十来平方米的店面，沿后墙一排书架，有三个人进店看书，店主钱小华就得站到人行道上去。”在铺面上，这位“钱老板”总是笑意盈盈地招呼着每一个进店的顾客，主动询问他们想看想买什么方面的书，因为他熟悉店里所有摆卖的书，以及每本书之间的联系和区别。

当读者被“钱老板”热情要求，务请在书店记录本上留下所需图书和联系方式后，不久就有可能接到他拨打的电话，说是“你想要的书有了，请抽空到店里来看一看”。因此，在该书店最早一批顾客的印象里，这老板不像是一个书商，似乎是一位书友。其实从小爱好看书，长大后喜欢买书和写作的钱小华也是这样自许的：“我就是书店的一个搬‘砖’工……我根本就没有把自己当成是‘老板’，我是把自己当作‘读者’在做书店。”

果然不到半年，这家名叫“先锋”，经营内涵和风格似乎与别家有所不同的小书店，就赢得了媒体人的关注。1996 年 5 月 6 日，人民日报社主办的《市场报》之“江南市场版书香专刊”，刊出了一篇署名为“郑文钊”的千字文——《“书痴”钱小华》。其中写道：“开书店，做图书生意，是一个微利的行当，尤其是在今天这种书店如林的情况下，其风险不言而喻。”但店主却自愿为此“探险”，并付诸实实在在的行动：“由于他自己偏爱文学、社科类作品，所以他经营的图书也多为此类。为了能找到高品味的图书，尤其是在书价猛涨的今天，钱小华几乎跑遍了全国所有的出版社，他不仅‘挖’来了大量现、当代文学艺术大师的作品，同时还‘挖’出一批老版的‘廉价’文艺书籍。‘为读者找好书，为好书找读者’，成了钱小华的一句口头禅。”

初始的先锋书店主要批发并零售各地出版社的库存积压图书。在内容类别方面，钱小华延续了自己对中外文学作品，以及人文、社会科学图书的爱好。为此，他不断走南闯北，到南北方各家出版社去，批发到许多相关的库存好书，并吸引了南京周边地区的小书商前来二次批发。再加上他依靠并发挥了曾经在南京大学中文系“作家班”进修过的人脉优势，引来了苏童、叶兆言、韩东、薛冰等知名作家不时光顾淘书，并由此带来了更多惠顾的文人和学者。

正当经营好景日显的时候，因市政拆迁，书店只好搬到了马府街 9 号的一幢居民楼下。新店面只能放下十几个书架，再加上位置偏僻，生意一片萧条。书店只好再次搬迁至马府街173号巷口的一个临街店面。1999 年秋季，先锋书店搬迁至南京大学南门的广州路上，才迎来了重要的转折点。次年初，书店策划了一次“藏书家旧书展销”活动，主要依靠了薛冰提供的千余册和徐雁等人提供的近百册家藏旧书，吸引了众多媒体和读者。

这里毗邻南京大学、南京师范大学等多所高等院校，知识分子较多，有浓厚的人文气息，是一片适合学术书店成长的沃土。当年出版社出书品种甚多，南京大学师生到校门口的先锋书店，可补校图书馆新书上架慢、复本少等不足，因此书店备受欢迎，甚至获得南京大学“第二图书馆”的美誉。后来当年毕业的学生提到先锋书店时，均流露出深厚的怀念之情。

由于经营得法，生意日佳，钱小华抓住市场机遇，多次扩展租赁面积，从 100 平方米拓至 600 平方米，并在书店分区布局上加以创新，设立书籍展示区、读者阅览区等，打破了常规的“书店是卖书的地方”这一传统思维。先锋书店成为一个既可以卖书，又可以看书以及社交聚会的空间。

2004 年 9 月 18 日，先锋书店五台山店正式开业，成为先锋书店的总店。五台山店藏身在 3000 多平方米的地下车库兼防空洞中，可以陈列近 7 万种的书籍，吸引更多顾客。林荫绿叶掩映下的灰底白字店招、“思想者”的雕塑，以及象征着“爱”与“救赎”的十字架等装饰，都成了吸引和聚拢读者的因素。在开业当天，客流量达上万人次，图书销售码洋近 10 万元。2016 年 3 月，先锋书店五台山总店被美国《国家地理》杂志评选为年度“全球十大书店”，也是亚洲唯一入选者。编者发表的评语是：“这里本来是一个地下停车场兼防空洞，却被打造成了中国最美的书店。”

2016 年 8 月 12 日，《人民日报》刊出了署名“郭舒然”与“姚雪青”的文章——《“先锋书店”20 年坚守与突围》。其中写道，仅有 17 平方米的“先锋书店”，是钱小华做“有文化的书商”，办“圣地般的书店”的文化追求的起点。于是，“从太平南路的这间小书店起家，继而开到南京大学旁的广州路，又从繁华的市中心新街口拐到五台山体育馆地下车库；从最初的 1 家书店到 11 家；从社区走向景区，从高校走向乡村：先锋书店一直氤氲着六朝古都的书香”。

2008 年，由于网络书店冲击、房屋租金飞涨，先锋书店在实体书店业开始不景气的社会氛围中，走上了做文创、卖咖啡、办沙龙的复合型经营之路。2008 年 5 月，先锋书店尝试开拓文创出品，2010 年为文创产品注册了“独立先锋”商标，2011 年成立了先锋午夜艺术设计公司。设计的文创产品千余种，包含手绘明信片、纸质笔记本、手绘地图、南京特色品等，琳琅满目。钱小华把书吧、咖啡、画廊、主题沙龙、音乐、电影等多种文艺元素，结合到空间规划和顾客服务之中，将其变成了吸引读者眼球的“营业亮点”。

先锋书店五台山总店还有一面用绳子编出的“明信片墙”，供读者悬挂“留言明信片”。据不完全统计，留在五台山店的明信片已近10万张。这面“明信片墙”是来来往往的人们倾诉情感与故事的“树洞”，同时也天然地将“文创产品区”和“图书展销区”做了区分。

2011年，先锋文史书店在南京总统府景区内正式营业，这是先锋书店对文化与旅行跨界联合的尝试，也是钱小华对现代实体书店发展方向的探索和思考。

2012年4月，先锋书店在无锡开出第一家外地分店，坐落于无锡惠山古镇，伴有古色古香的江南风光。2013年，先锋书店在南京博物院开设新生活书局；2014年，在中山陵开设永丰诗社；2015年、2016年，先锋分店颐和书馆、老门东先锋书店相继营业。如今，众多旅游景点、历史文化街区内都有先锋书店的身影。先锋书店已经成为景区的一部分，同样可以作为景点供市民游览、观光。先锋书店不仅开在城市，还开到了乡村。首个乡村书店选址在历史积淀深厚之地。2014

年 4 月，安徽黄山脚下的碧山书局正式开放营业。碧山村是徽州古村落之一，保留着上百座古民居和祠堂。碧山书局上上下下近 600 平方米，一楼可以免费阅读，二楼可以喝茶、开设活动。

“大地上的异乡者”是先锋书店的标语，截取自奥地利诗人特拉克尔（Georg Trakl，1887—1914）的诗句，体现出先锋书店的设立理念。创始人钱小华出生于常州金坛，对于南京而言，是个不折不扣的“异乡人”。创办并经营好先锋书店，既是为了自己的精神能有所寄托，也是为同样有漂泊感的读者，提供了一处舒适的、可感知的精神栖居地，获得“此心安处是吾乡”的文化共鸣。

先锋书店的成功，首先归因于店主对书籍的选择。先锋书店只售卖人文、社科、艺术类的书籍，这正是它自创立以来一直坚守的市场策略。钱小华认为，阅读人文、社科、艺术类书籍，读者能从中汲取他人优秀的思想，并逐渐形成自己独立的思想。有了思想浇灌的人，其内在精神世界就会更加安定。为此，先锋书店还会邀请各个领域的代表人物到书店开讲座、办签售，举办文学、影视、戏剧、绘画、音乐、展览、设计等方面的活动，至今已多达数千场次。

先锋书店的活动主要分为三类：文化展览、阅读沙龙和特色聚会。

文化展览主要指各类展览。如广州路173号的先锋书店开幕时，曾举办过“民国南京1927—1949图片展”“商务印书馆百年回顾”和“先锋创业回顾”的展览。再如，钱小华从台湾考察归来后，选取了100多幅照片，汇集成“台湾书店风情展览”。

阅读沙龙主要指新书发布会，邀请作家介绍自己的新书以及开展文化人的对谈等，通过知名作家现场互动的方式来促进阅读并吸引人气。其举办地点不局限于先锋书店内部，有时还会扩展至高等院校。

特色聚会主要指不同主题的读者聚会，如电影聚会、摇滚聚会、音乐剧分享会……力图让有相同爱好的人聚集在一起，度过一段美好时光。

先锋书店值得称道的，还有温馨可人的空间设计。书店内没有华丽的装饰，书籍是最大也是最好的装饰，先锋书店的书籍陈列区占据了约70%的空间。先锋书店刚搬到南京大学附近时，钱小华就做了一件在当时看来很大胆的举措——在店内临街光线最好的位置摆上桌椅，并为读者免费提供茶水，这一举措延续至今。在店铺正中间位置设有阅读区，摆放着沙发、座椅等，播放着轻柔舒缓的背景音乐，为读者营造了一个舒适惬意的阅读氛围。

“以人为本”的理念根植于先锋书店。店内书籍采用“上不到顶，下不到地”的摆放方式，方便读者举手拿取，并且特意为读者提供了提篮和小推车，便于他们一次性选取多本书籍。在先锋，每一个店员都会热情地与读者交流，向读者推荐书籍；无论读者向店员询问什么书籍，只要书店有，店员就会以最快的速度找到，熟练得像是在翻找自家的书架；来自五湖四海的游客来到先锋书店时，店员们还会为他们主动介绍周边的人文历史、交通路线。这些都是对读者人文关怀的一种表达，为读者带来了宾至如归的良好体验。

作为独立书店的代表，先锋书店早已成为南京的文化地标。钱小华在回望自己的书店经营历程时表示：“一切都是因为书的旅程，一切都是因为爱的缘故。”

“风雨同舟”的大众书局

20多年前，缪炳文因缘巧合，开办了一家名为“大众”的实体书店，并以“书局”为名。

缪炳文出身于一个教师之家。他的爷爷曾在镇江一个乡镇小学当校长，后来他的父亲和叔叔也都做了校长，姐姐毕业后成为一名教师。他自己从南京大学化学系毕业后，先是留校工作，后与两位朋友下海经商，共同创立了某知名鞋子品牌。在这一时期，缪炳文就曾同其他股东一起，倡导干部员工多读与企业经营管理相关的书籍。这些经历，共同促成了日后缪炳文与大众书局的缘分。

2002年，缪炳文所在的鸿国集团收购了“南京国际贸易中心”大楼。集团重新思考大楼的定位问题后，决定由缪炳文负责在这座大楼里经营实体书店。2003年，在南京市“黄金商圈”新街口国贸大厦内开设的第一家旗舰店——南京书城，成为当时国内最大的民营实体书店。这便是大众书局的前身。2005 年，缪炳文借用上海“大众书局行印馆”这一旧名，正式注册“大众书局”图书零售连锁商标，书店也统一更名为“大众书局”。

大众书局成立之初，缪炳文就独树一帜，提出“文化百货”营销方式，被评为“建国六十周年最具影响力大事”之一。这一模式用百货公司的思路来经营书店，以书店为主体，兼营餐饮、服装等多种业态，关系到读者生活的方方面面。除经营书籍、音像制品以外，每一层还混合经营了其他种类的商品，如文具、乐器、食品、早教机 / 学习机等，并引进餐饮企业，吸引更多的人流。如二楼与某跨国连锁餐厅对接，三楼则有一家自助餐厅。做书店不仅仅要有情怀，还要有盈利能力。与传统书店突出的文化属性不同，大众书局通过在书店里售卖百货进一步增强了商业属性。这使其在创立初期就获得了较好的经济效益，为后续创新发展积累了资金与经验。

大众书局的经营目标是打造成为“大众化的精品书店”，由专业选书团队严格把控图书采购关，力求为读者提供品质优秀、丰富多样的图书精品。图书品类覆盖文学、儿童、经营管理和生活等领域，还会根据每家门店的区域特征补充其他类别。在书籍的摆放方面，采取了按主题推介的方式，如女性主题的书架、作家协会主席的作品书架等。在兼顾图书品种多样性的同时，“去粗取精”，“去伪存真”也是大众书局选书团队的首要任务。他们每年要在二三十万图书中精心挑选出两三万本，向读者推荐内容与制作兼优的好书，倡导“精品阅读”。

2012 年，自有咖啡品牌创立，大众书局开始将咖啡吧作为书店的重要业态和收入来源之一，以及会员制建设的重要措施之一。而在这之前，咖啡吧仅仅被当作书店的配套空间。越来越多的书店在店内开辟咖啡吧、咖啡馆，原因在于咖啡吧是一处社交场所，喝咖啡也可以成为一项社交活动，人们可以在这里平等地交谈，传递不同的思想。新型书店同样也需要这样的社交空间，为读者提供讨论图书、互换观点的场地。咖啡吧还有助于提高书店的格调。读者闲坐其中，一边阅读一边喝咖啡，营造了一番别样的“阅读情调”。

2018 年，大众书局开始积极探索“跨界融合”，打造全新的“生活美学 + 书店”模式，尝试将阅读融入日常生活。2019 年，大众书局与某家居品牌达成跨界合作，首家融合店正式开业。店内按照睡眠、轻食、茶生活、儿童成长等生活场景进行分区，读者可以根据个人的兴趣喜好前往各个分区，轻松选取自己想要的书籍。借助图书、家居、饮食等不同产品的巧妙组合，大众书局为广大读者创造了如家一般温馨自然、充满书香的生活化阅读空间。

大众书局始于南京，却不止于南京。如今，大众书局通过加大投资规模和创新实体书店模式，已经在江苏、上海、浙江、安徽、江西等地区拥有 60 多家门店，其中多家分店被评为“最美书店”。如大众书局·南京东城汇店被评为 2015 年度“江苏最美书店”，大众书局·上海正大乐城店入选 2016 年度“上海最美书店”。

大众书局店招及其外景

虽有统一的店面标准、陈列标准，大众书局每家分店却能秉持“连锁而不复制”的愿景，结合当地文化特色，拥有一个独特的主题。如大众书局之“南京水游城店”位于南京传统的旅游胜地——夫子庙商圈，是江苏省内首家旅行主题书店。店内老旧的皮箱、复古的留声机、世界各地的站台标志，都是精心陈设的旅行元素。该店还拥有相当齐全的旅行类书籍，包括旅游指南、旅游经历与感悟等，将“旅行”这一主题贯彻到底。

大众书局在成长过程中还收获了一群忠实的会员。大众书局以多元化、多角度、多思维为原则，推出了积分会员、折扣会员、借阅会员等多种类型的会员卡，为读者提供差异化的服务。“众享借阅卡”仿效图书馆的运作方式，让会员能够把书带回家里继续阅读，同时也能够缓解藏书空间不足、购书开销大等问题。办理“亲子借阅卡”的会员，不仅可以免费借阅，低价购买儿童书籍，还能够参加亲子故事会、家长课堂等拉近亲子关系的活动。目前，大众书局的注册会员总量超过 140 万人，会员在门店的图书购买比例更是达到了 70%。大众书局为会员提供便捷、贴心的服务，提升了用户的满意度与忠诚度，会员购书也相应地成为大众书局核心且稳定的收入来源。

大众书局的成功并非仅仅源于商业模式的创新，更是根植于对文化传播的责任担当。大众书局深刻洞悉书店作为文化传承、知识传播载体的重要性，在南京市全民阅读促进会的指导下，于 2021 年 4 月推出了“大众好书榜”。榜单的遴选以大众书局的图书销售情况为主要依据，同时参考出版业内各专业榜单推荐，按照每季度推荐一次的频率推出。在日益多样化、商业化的图书市场，“大众好书榜”为广大读者提供了一份权威而贴心的阅读指南，缓解了读者选书难的困扰，赢得了读者的高度关注与认可。在“大众好书榜”设立至今的两年多时间里，除了常规主榜，又陆续新增设了亲子阅读类榜单、面向青年学子的“青春榜单”等，并且走入企业、图书馆、乡镇等，进一步扩大了阅读推广的范围。

2022 年 7 月，第十二届江苏书展在苏州举办。南京作为重要的分会场之一，全民阅读的热情高涨。大众书局积极采取行动，为广大读者奉上了丰富多彩的惠民活动，如邀请知名作家分享签售、嘉宾对谈，为儿童读者设计儿童剧本扮演、沉浸式绘本体验等一系列阅读活动。生动有趣的线下活动吸引了众多读者光顾，让广大市民更加深入地接触阅读，积极参与其中，享受阅读的快乐。近年来，大众书局每年各类活动参与总人数达50万人次，已成为全民阅读推广最活跃的阵地之一。2023年，大众书局入选第五届“全民阅读·书店之选”十佳书店，这是对其不懈努力的充分肯定。在大众书局，文化不仅是一种产品，更是一种担当，这彰显了其在文化传播领域的积极作用。

“风雨同舟”四个字，是缪炳文回顾大众书局历程时最想表达的话。诚然，以书为媒介，大众书局凭借创新的经营理念和独特的文化氛围，为南京人提供了一个温馨而充满品味的阅读空间。世界在变，书店也在变，不变的是大众书局的文化守望。

从汉口路到大板巷的复兴书店

1997 年初秋，窦才仁、李富芳夫妇从安徽六安老家来到南京谋生。他们在朝天宫的庭院里摆设旧书摊，也曾在朝天宫对面的仓巷民居租用过旧书店的门面摊位。

经过长达四、五年的辛勤积累，到 2003 年 9 月 6 日，得以租用到了鼓楼区汉口路 48 号一间近百平方米的门面房，办起了一家属于自己的书店。此店与位于汉口

位于汉口路 48 号的复兴书店店招及其店堂内景

路 22 号的南京大学校区，仅有一二百米之遥，是深得南大师生宠爱的去处之一。

当时正逢各地出版社纷纷减负增效，多年积压的大量图书以极低折扣出库倾销而出，成为所谓的“特价书”，于是“五元书店”之类的折价书店大行一时。窦、李夫妇抓住这一商机，前往上海、北京等地，大量购入文、史、哲类古籍及艺术类图册等陈列于架，经营业绩可观。

2004 年，南京大学文学院教授苗怀明（笔名“淮茗”），在《南京街头的旧书》一文中记述道：

从“古逸书店”往西，过青岛路，向陶谷新村的方向走不远，也有两家旧书店：东边的一家叫“唯楚书店”……西边的一家叫“得利复兴书店”，是家“五元店”，刚开不久。老板是南京最大的“五元店”——天宫书店老板（金家永——引用者注）的妻弟，只是不知道书店为什么叫这么个奇怪的名字。该店主要经营学术著作，店面比较大，品种也多，图书更新快，每周都有新书上架，所以生意相当火，对周围几家“五元店”造成很大压力。

按，“得利复兴书店”之名，或出典于石继昌（1925—1992）《春明旧事》（北京出版社 1996 年版）里的《旧京店名别致多》一文。当年北平有一家名为“得利复兴”

的书店，因契合其经营理念，便遥承了此名。2007年简称为“复兴书店”。

2009年2月8日，正随南大历史系教授李良玉先生做“博士后流动站”专题研究的周其厚记述道：“上午看书，下午到附近的复兴书店。因为打折便宜，又买了一些书，晚饭后又去买，花了近300元钱。有些书确实不错，平均10元钱一本，这是在别的地方买不到的”；11日晚饭后，“去了复兴书店，又买了200多元的书，看到了我的《中华书局与近代文化》（中华书局2007年版——引用者著），23元1本，总共摆着5本。我看了又看，自己的书，感到格外亲切！全买下来了。”

但随着出版社压库书源地锐减，电脑的大量普及和互联网的迅捷覆盖，进入21世纪后，电子书异军突起，电子商务大盛，实体书店的店面生意每况愈下。再加上自2012年暑期始，南京大学教学、办公及学生生活中心，搬迁到位于栖霞区的仙林校区之故，复兴书店维持到2013年秋，只得把其店面盘给学人旧书店业主阚炜，将位于江宁的书库改为书店工作室，专一做线上书店的生意。

且说在城南建邺路到升州路区域，有一个2006

年 5 月 25 日，被国务院批准的国家级重点文物保护单位——建于嘉庆年间（1796—1820）的甘熙宅第（位于南捕厅 15 号、17 号、19 号及大板巷 42 号，南京人俗称其为“甘家大院”和“九十九间半”，其中有一座名为“津逮”的藏书楼，久毁）。其西侧有一条北通建邺路，南达升州路的大板巷。

经过在“老街区，微出新”理念下的市政改造后的大板巷，于 2019 年 10 月 1 日完工。在升州路口，有凭空所立“大板巷”牌坊作为标志。

基于“大板巷复兴”的理念，“复兴书店”得以以店名的契合，入驻该街区。据悉，这得力于主持该改造工程的南京知名设计师陈卫新，与积极支持其文化内涵建设的薛冰先生，向管理方领导的共同提议。

复兴书店受邀重开门店后，设址于“（熙南里）形象展示中心”大楼（大板巷 55 号）的 1 层。其门面朝东，由陈卫新先生题写的“复兴书店”新店招，被制成木牌悬挂在店门北侧墙面上。店堂使用面积虽仅有 70 平方米，但在陈设计师精心设计和规划后，其空间颇有层次感和内涵度。西侧一个约有 30 平方米的小庭园，有翠竹和花木掩映，一套圆桌椅，可供读者观书沉思，品茗闲聊。

位于大板巷 55 号的复兴书店门面外景

复兴书店开业不久，遽遭“新冠疫情”所扰，曾经不得不暂时闭店。鉴于此情，窦氏夫妇的女儿“豆子”提议，通过自媒体渠道“以书会友”，建立线上和实体店书友群，以拓展图书销售市场，并将传统单一的书店经营，打造成为集都市生活、阅读、社交、亲子活动等多元功能于一体的人文空间。这一设想，取得了非常不错的回报。如今，在书店门口的黑板告示牌上，写着这么两条：“喜爱书籍的书友们，非常欢迎加店主微信进书友群，群内会有优惠书讯推送”；“可关注复兴书店公众号更多精彩活动！”

经薛冰、陈卫新二位先生的热情倡议和用心策划，在 2021 年 4 月 23 日“世界读书日”，该街区管理机

复兴书店店堂里的读者留言墙及摆售图书

构推出了以“南京书市变迁与城市文化复兴”为主题的“复兴书市”。该活动约期 10 天，由大板巷内的各家书店，及分布在青岛路、仓巷、升州路等处的 15 家古旧书店共同参与。开集首日，各家书店业主及店员都集中到复兴书店门口的小广场，有序设摊，销售文、史、哲类新旧书籍、线装古籍影印本，以及各种艺术纸品和文创产品等。

如专营古籍的萃文书局，给该市集带来了用古书残页制作的团扇，汤猿书店带来了用故纸文献开发的文创出品，宏伟旧书店带来了名人信札和各种旧票据，学人书店带来了欧洲早期铜版画和日本浮世绘作品等。因陈列待售的，都是那些“有点年头的”东西，不啻为一次中外故纸文献的展销活动。

如此有范儿有内涵的市集形式，使得南京的旧书店业主无不乐意参与，自然也招引了知情读书人和藏书爱书者纷纷惠顾。薛冰先生对媒体记者表示：此次古旧书市集安排在复兴书店门前的小广场，其寓意是“展示文化复兴，街区复兴，古旧书市复兴”。

薛冰先生在大板巷“复兴书市”观书（2021年4月23日）

阳春三月的一个下午，凤凰出版传媒集团副总编辑王振羽和南京大学徐雁教授等联袂到店，淘得陈汝衡《说苑珍闻》（上海古籍出版社1981年版）、启功《论书绝句》（三联书店1997年版）、《唐弢集》（知识出版社1997年版）、《李健吾传》（人民文学出版社2017年版），及俞允尧《秦淮古今大观》（江苏科学技术出版社1990年版）、薛冰《格致南京》（东南大学出版社

复兴书店淘书所得部分旧书和新书合影

2017 年版）和《古稀集》（海豚出版社 2017 年版）等 10 余种书籍，可谓不虚此行。

“忠于自己，热爱生活”，是复兴书店主人自勉自励的座右铭，也可以看作是他们对读者的祝愿和祝福。如今该店以线上书店与实体书店同步经营的方式，常态性地销售着文史类及艺术类图书。身披时尚书衣的新书和面相沧桑的旧籍，在各自的空间里，幽幽地散发着知识的芬芳。据悉三十而立的“豆子”，已正式接下店面管理等事务，意味着书店业务的持续发展有接班人了。

“世界文学之都”及文都书店

作为历史悠久、文化璀璨的“十朝都会”，南京曾孕育出琳琅满目的“传世名著”。

2015年底，在江宁织造博物馆发布了“南京传世名著”评选结果，计为24部：《抱朴子》《佛国记》《后汉书》《世说新语》《弘明集》《文心雕龙》《千字文》《诗品》《昭明文选》《建康实录》《景定建康志》《永乐大典》《本草纲目》《金陵梵刹志》《桃花扇》《芥子园画谱》《儒林外史》《红楼梦》《随园食单》《中国文化史》《首都计划》《科学的南京》《金陵古迹图考》《全宋词》。从中可以看出，其中有中国第一部诗歌理论和批评专著《诗品》，第一部文学理论和批评专著《文心雕龙》，现存最早的诗文总集《昭明文选》，还有《永乐大典》《本草纲目》《儒林外史》《红楼梦》等，都是中国古典文库中的瑰宝。

我国近现代作家鲁迅、巴金、朱自清、俞平伯、张恨水、张爱玲等文坛名家，也都与南京有着各种因缘，甚至连美国作家赛珍珠获得诺贝尔文学奖的代表作《大地》，也是在南京创作完成的。据查考，全世界有60多种外国文学作品，在南京被翻译成中文。南京为文化的交流与传播，提供了优渥的环境。

2019年10月31日，联合国教科文组织宣布，全球有66座城市组成联合国教科文组织之“创意城市网络”。经专家评审，由爱丁堡、墨尔本、爱荷华28个“文学之都”成员城市投票通过，南京正式被冠名为“文学之都”，成为中国第一个获此称号的城市。

次年12月22日，由南京出版传媒集团（南京出版社）在原金陵书苑·墨香缘书店基础上改造升级而来的主题书店——“文都书店”，在玄武区太平门街

文都书店店招及其门面

53号揭牌。

在著名作家叶兆言先生书写的店招“文都书店”之下，分别有4个具有中西合璧风格样式的主题书窗。其中，“六朝如梦”橱窗，摆放的是有关六朝时期的出版物，包括《六朝史料》《六朝稀见文献》等图书；“南都繁会”橱窗，摆放的是有关明朝时期的出版物，该橱窗的名称出典于仇英所绘《南都繁会景物图卷》；“西风东渐”橱窗，摆放的是有关民国时期的出版物与老照片，以及正中书局、开明书店的原址门牌模型。最左侧的“百年辉煌”橱窗，现为透明玻璃窗，透过其可直接看到店内的书籍陈设墙。

读者从最右侧的入口走进书店，首先映入眼帘的，便是前台背景墙上的“南”字标志。整面墙由一片片缩微的书页拼成，“南”字下方巧妙地将书本融入笔画之间，体现了南京是“世界文学之都”的内涵。前台下方的柜台，则图文并茂地展示着“金陵四十八景”，右侧墙面呈现了南京出版社的历史发展沿革，陈列着该社不同时期的代表性出版物。

文都书店旨在展销有关南京历史文化的书籍。摆卖图书可分为“文献档案”“辞典图录”“学术研究”“大众普及”“文化教育”“文创产品”及“主题出版”

七大板块，书架上都有对应的导向牌。

“文献档案”部分，主要有方志、史料、档案等门类，以及自然科学、哲学、社会科学各领域的图书。最左侧有一整面墙，摆放着南京出版社出版的《金陵全书》，分甲、乙、丙、丁四编。其中甲编包括历代通志、府志、县志、专志；乙编和丙编分别是以南京为主题的史料、历史档案；丁编是南京人士的著作或编写、刻印于南京的作品。

“辞典图录”部分，主要陈列着专家学者们编写的工具书等，有《南京辞典》《中国南京云锦》《南京大屠杀辞典》等，专业性地呈现南京的文化风貌。

“学术研究”部分，包括以南京历史文化为中心的各类学术研究成果，如“六朝文化”丛书、“明朝文化研究”丛书、“民国名人传记”丛书等，极富文化底蕴与学术参考价值。

“大众普及”部分，除了专家学者钟爱的原典外，也有大众喜爱的普及读物，代表作品有“品读南京”“南京地标”“南京印象”“文学之都当代文丛”等系列丛书。

“文化教育”部分，以传统的中小学生教辅图书为主，兼有绘本、童谣、儿歌等少儿喜闻乐见的形式编写出的读物。

“文创产品”部分，有纪念品、按年份排列整齐的《南京老地图》系列，以及以南京代表性景点为主题的文具、明信片、民族服饰等。

“主题出版”部分，则聚焦南京历史文化发展中具有时政内涵的主题出版物，体现了不同时期的时代精神。

书店深处《金陵全书》右侧的墙面，清晰地印刷着老南京手绘地图。复古的几案立于书架之侧，上面摆放着《影像南京》《老明信片·南京旧影》等书籍，供读者翻阅。地图墙旁有一平方米左右的空间为“留言墙”，各色便利贴充斥其上。书店正中央的墙面是“文都书店”四字，两侧为“明信片墙”，由6对柱子构成，象征着南京为“六朝古都”的历史内涵。

文都书店店堂内景

南京知名设计师陈卫新先生，富有创意地将南京最有代表性的“山”“水”“城”“林”四个元素融入书架，让这一文化空间洋溢着南京地域文化特质。此外，文都书店还包含有“文化展厅”“直播讲堂”等多功能空间。店内分区布置明确，中式家居模型、书偶摆件、花艺作品点缀在木质书架之中，简约素雅。

自文都书店开业以来，不乏读者前来“打卡”。去紫金山、鸡鸣寺和玄武湖游玩的游客也常至这里，小憩之余，也能在书香的沐浴中，多少能领略到南京历史文化的内涵。文都书店也因而被南京市文学之都促进会授予“城市文学客厅”的荣誉称号。

从 2021 年 5 月开始，文都书店策划了“南京童谣”系列活动，举办线上线下同步进行的“文都讲堂”。此外，还举办了以“万物复书——2022 共读文都计划”为主题的南京文化图书公益导读活动，通过名家导读、线上直播、线下讲座等形式，与读者共读近年来南京出版社推出的南京文化精品图书。

萃文书局及其“嘉宁古籍拍卖”活动

1955年4月26日，南京市第一个“公私合营”古旧书店——萃文书店，在太平南路93号开业。次年1月16日，该书店又与“公私合营东方红书店”合并为“南京古旧书店”，成为南京市新华书店所属的一个经营古旧书的专业书店。

朱自根先生在“孔夫子旧书网”上，注册了一个专营线装古书旧籍的“金陵旧书店”。2018年8月8日，在秦淮区升州路338号向工商局商做了注册，主营图书、文教用品、工艺美术品销售。次年，顾浩先生加盟后，二人因仰慕民国时期朱甸清先生所办萃文书局，决定将书店易名为“萃文古旧书店”，同时申请注册了“萃文书局”商标。2020年2月18日，二人在同址开办实体书店，开启了线上、线下同步经营的方式。同年秋，南京图书馆资深学人沈燮元先生（1924—2023）应邀题写“萃文书局”四字牌匾。

沈燮元先生所书“萃文书局”牌匾（2020年秋）

萃文书局主人特别重视对南京地方历史文献的搜集和流转。薛冰先生坦言，在南京古旧书店“复业无望”的当下，萃文书局已成为南京唯一专门经营线装古籍的书店。在其店面的玻璃门上，张贴有一份告示：

本局收售

古籍碑帖 佛经版画 文史旧书

名人字画 屏幅对联 手卷册页

团折雅扇 刺绣旗袍 绫罗绸缎

旧式农具 笔墨纸砚及各类文房用品

萃文书局共有两层。一层中间为玻璃展示柜，在两侧墙面的木质书架上，陈列着各类线装古籍和民国

菊植专家黄艺锡先生所书联语

旧书，中堂供桌上，摆列着木盒装的《饮冰室文集》（中华书局 1925 年版），墙面上有京师大学堂师范速成科选派留日高材生，撰有我国最早的种菊专著《菊鉴》的植物学家黄艺锡（字润书，1878—1953）书联：“平章三代器，流览百城书。”亦有齐白石（1864—1957）所作“荷花图”。二层则收藏有品类齐全的地方文献。墙上有联：“浮生若梦谁非寄，到处能安即是家。”文句出自明代文人罗洪先（1504—1564）的《醒世诗》。

多年来，朱先生依托“孔夫子旧书网”，组织了 20 余场线上古籍拍卖活动。在 10 余期的“萃文荟萃”拍卖外，另有“南京博物院许莘农先生旧藏”专场、“吴景濂、吴仲班藏书”专场、“南京萃文书局 2021 迎春拍卖会”等。2022 年 1 月，创办了南京嘉宁拍卖有限公司，设址于中山南路 313—315 号瑞华大厦 24 楼，现已成为南京最重要的古籍拍卖公司。

嘉宁拍卖有限公司成立之初，即以“嘉惠学林，本固邦宁”为旨，以“求真唯实，尚学致知”为经营方针，以古籍善本为主，兼及古今书画、名人手札、金石碑拓、文玩杂项等门类。“春拍”和“秋拍”作为古籍涨跌的风向标，向来备受注目。如今先后举办了“2022年古籍善本春季拍卖会”“2022年古籍书画秋季拍卖会”“2023年古籍书画春季拍卖会”“2023年古籍书画仲夏拍卖会”及“2023年古籍书画秋季拍卖会”等。

在2023年4月9日的古籍书画春季拍卖会中，王同愈（1856—1941）旧藏数种全部成交。如明代写刻本《常熟县破山兴福寺志》以26万元成交，清代抄本《大瓢偶笔》以24万元成交，清彩绘精钞本《推背图说》以16万元成交。

同年8月20日举办的古籍书画仲夏拍卖会，分为“沈燮元旧藏”“古籍善本”“民国新文学”“红色文献”“书画杂项”5个单元，吸引了新老买家的激烈竞逐。其中沈燮元先生旧藏专场拍品，全部成交。

11月12日，嘉宁“2023年古籍书画秋季拍卖会”，分为“同一藏家/折水山房”，“书画/方志/明版”两个专场，由孔夫子旧书网、雅昌艺术网线上平台同步开拍。经过10个小时激烈角逐，总成交额超1000

沈燮元旧藏专场拍卖会（2023 年 8 月 20 日于南京图书馆）

万元，其中“同一藏家 / 折水山房”专场成交率高达 82%，出价次数逾 2000 次，线上平台浏览量近 40000 次。成交额排名前三的拍品为元代刊本《朱文公校昌黎先生文集》、明代刊本《象山先生全集三十六卷》与清代刊本《知不足斋丛书二十六集全》。

其中，《朱文公校昌黎先生文集》一函，线装 6 册。钤印有“丕卓宝藏”“上海图书馆藏”“上海图书馆退还图书章”。该书卷端题“朱文公校昌黎先生文集”，卷首有朱熹（1130—1200）《晦庵先生朱文公韩文考异序》等。每半叶 13 行，行 23 字，小字双行同。黑口，双鱼尾，四周双边。细行密字，有元代闽刻风格，或据南宋末麻沙本为底本刊刻。

据藏印断为清代学者彭元瑞（1731—1803）旧藏的《象山先生全集》两函，线装16册。半页10行，行20字，白口，四周双栏，版心鱼尾为空圈，书名在鱼尾下方，下记页数，最下记刻工姓名。象山先生，即宋代大儒陆九渊（1139—1193）。该书版面宽阔，字口锐利，用上等白棉纸印，墨色如新，被认为刊刻在嘉靖三十年（1551）前后。拍品完整无缺，最终以69万元成交。

《知不足斋丛书》26函，线装208册。由清乾嘉年间藏书名家鲍廷博（1728—1814）刊刻，以收罗广博、校雠精善见称。全书凡30集，前27集由鲍廷博所刻，后3集由其子鲍士恭（1750—？）续刻，共收录古籍208种。皆原签原函，湖绫包角，书品上佳，触手若新，实属稀罕，最终以35万余元成交。

2024年4月14日上午9时，南京嘉宁“2024年古籍书画春季拍卖会”，在位于秦淮区太平南路305号的江苏饭店4楼的江苏厅拉开帷幕，其中有明万历刻本《方氏墨谱》6卷等，清康熙钦定《四书》篆书本等珍贵拍品。大抵高价值善本的现世，既反映出拍卖从业者对拍品的用心挖掘与悉心展示，又展现出藏家对藏品的审美眼光和收藏实力。